GW01164519

The Waves of Tory
Tonnta Thoraí

Jim Hunter

The Waves of Tory
The Story of an Atlantic Community

Tonnta Thoraí
Scéal Pobail Atlantaigh

Jim Hunter

St Colmcille made his way across the seas to Tory in a currach
Sheol Naomh Colum Cille i gcurach trasna na dtonnta go Toraigh

Acknowledgements

Published by
Colin-Smythe Ltd.
P.O.Box 6, Gerrards Cross
Bucks SL9 8BA
United Kingdom

in conjunction with
University of Ulster

ISBN-10: 0-86140-456-4
ISBN-13: 978-0-86140-456-8

© Jim Hunter 2006
The right of Jim Hunter to be identified as the Author of this work has been asserted in accordance with Sections 77 and 78 of the Copyright, Designs and Patents Act, 1988

Design: John McMillan
Printing: Nicholson & Bass Ltd.

Cover aerial photograph of Tory Island by Kevin Dwyer

In preparing this book I have enjoyed the help of a number of friends: Jennifer Stewart and Janice Dallas, who translated my hieroglyphics into legible typescript; Diane McLaughlin, Claire Bleakley, Jeremy Lewis and Ronnie Millar, who assisted with preparatory photocopying and collation; Lisa Rodgers and Killian McDaid, who helped with line drawings; Wendy Taulbutt for her assiduous proof reading of the English texts; Father Art O'Reilly, Liam Ó Cuinneagin, Padraig Ó Mianáin and Pól MacFheilimidh, who spent endless hours proofing and making adjustments to the Irish text; Seosamh Ó Ceallaigh for his helpful comments on the text; Art Hughes, who prepared the Irish captions; Kevin Dwyer, who gave permission to use his aerial photographs of Tory Island; the Ulster Folk and Transport Museum for permission to publish the 'lazy-bed' photograph from their archives; Nigel McDowell, who scanned and digitised the photographic material; Patsy Dan Rodgers, Ruari Rodgers, Patrick and Berney Doohan, and Anton Meenan for sharing their extensive local knowledge; John McMillan for his imaginative design work and for his co-ordinating role between printer and publisher; Norman Trotter and Alan O'Neill of Hollywood and Donnelly for their sustained efforts to promote Tory art and culture and for their assistance with the launch of this book; Noel Mitchel, who encouraged me, as one of his students, to visit Tory in 1957; and my wife, Ray, who has crossed the Waves of Tory with me.

I owe a special debt of gratitude to Mary Claire McMahon for translating this book into Irish. It is highly appropriate that she should have undertaken the translation; Mary Claire first came to Tory as a primary school teacher in 1994 and in recent years she was appointed head of the island's new secondary school. Her long association with Tory has given her a special empathy for the island and its people, which is reflected in her elegant and graceful translation.

Finally I have had the good fortune to work with Professor Bob Welch, Dean of the Faculty of Arts at the University of Ulster; not only has he encouraged me to write this book but he has also provided a level of care, guidance and support throughout the whole production process.

Preface

I first visited Tory Island as a student in July 1957. Soaked and shaken after a terrifying journey across tempestuous seas, I made my way for the house nearest the harbour and was offered a room at the home of William and Mary Meenan. Over the following few weeks they introduced me to a world of music, dance and story-telling – an experience which was to have a profound influence on my life and stimulate a deep interest in Irish culture and heritage.

As I departed for the mainland both William and Mary predicted that I would soon be back again; according to island lore, once a visitor has been captivated by the island's charm it is impossible thereafter to resist its lure.

Their prediction came true for I have lost count of the number of times I have been back on Tory. In recent years I have visited the island on two or three occasions annually, bringing with me groups of visitors, both young and old, to introduce them to Tory's rich culture and heritage.

Despite the frequency of my visits I have never tired of the island for the landscape is constantly changing; each new Atlantic weather pattern reveals nuances of light and shade that cause even the islanders to pause and reflect on the beauty of their island home.

But it is not only Tory's dramatic setting, which attracts visitors. They are drawn to this Atlantic community for a variety of reasons: they come because Tory is a repository of traditional Irish culture embracing music, dance and folklore; they come because the island is permeated with pre-historic and early Christian remains; they come for the warmth and hospitality of the people; and they come for contact with the Irish language, which is still in everyday use – it is for this reason that this book has been published in Irish as well as English, to allow the islanders to read it in their first language.

In spite of its many attributes Tory has been largely ignored over the years by prominent artists, musicians and literati, who have had such a profound influence on many of the other islands along the western seaboard of the country. Distinguished scholars, such as Robin Flower and George Thompson, encouraged the Blasket islanders to write and awakened an interest in their ancient and deep-rooted civilisation; John Millington Synge and film-maker Robert Flaherty stimulated a similar interest in the lifestyle of the Aran Islands; and the paintings of Paul Henry created a visual identity for Achill.

Tory failed to attract a person of similar stature until the arrival of artist Derek Hill in 1956. He set up his studio in a disused hut and with his assistance a thriving School of Primitive Art developed on the island. Not only did art provide a livelihood for a number of families but it also gave worldwide publicity to the island; during exhibitions of their work throughout Europe and America the artists acted as ambassadors for their island home. Friends made on these occasions were to come to the island's rescue in its hour of need during the 1970s, when Tory was threatened with evacuation. The strength of support from abroad together with the community's will to survive persuaded the authorities to abandon their plans to remove all the islanders to the mainland.

The threat of evacuation is still there and only with our support can this rich maritime culture continue to exist. It is hoped that this book, in some little way, can draw attention to this forgotten island and in the process assist with its preservation for future generations.

So come with me now, traverse the waves of Tory and hear the story of an Atlantic community.

The Land
An Talamh

'When God had finished his great work of creation on the sixth day, he discovered that some of the most precious stones were still lying around Heaven. As he was keen to complete his work before the Sabbath he threw the remaining pieces out of Heaven, from where they sped like jewels through space plunging into the ice cold seas off the north-west coast of Ireland to form Tory Island.'

Donegal Folktale

Tory, the most exposed and remote of all the inhabited Irish islands
Toraigh, an t-oileán is scoite agus is iargúlta in Éirinn a bhfuil cónaí ann

Map 1
Tory Island Location

Léarscáil 1
Suíomh Oileán Thoraí

Myths have it that a sea king, Balor by name, selected the beautiful island referred to in this folktale, as his home and called it Torri, the king's rock (*see Map 1 above*). Other authorities suggest that the island owes its name to the seven great natural towers of rock, or tors, which are found along the northern and eastern coasts[1]. It has also been suggested that the island takes it name from Oileán Thórraimh, the 'Funeral Island'. Tory has been regarded over the centuries as a sacred place and people from as far away as Mayo have been buried on the island.[2]

Tory's isolated position helps to explain the islanders' attitude to the mainland. They talk about 'going out to Ireland' and they refused to acknowledge 'summer time' when it was first introduced in Ireland preferring to continue with their local time. The story of a Tory schoolboy, who was asked to write an essay about Ireland, exemplifies Tory's independence. The young boy commenced his essay with the phrase 'Ireland is a large island off the coast of Tory'.

This unsheltered isle suffers the destructive effects of the wind, so much so that tree growth is prevented. Caesar Otway (1827) relates a story about a Tory fishing boat, containing seven or eight men, being driven by a severe storm into Ards Bay on the mainland in 1826.[3] It turned out that none of these men had ever been on the mainland before nor had they ever seen a tree. They astonished the local people by putting leaves and small branches in their pockets to take back to their island home.

A story from Edmund Getty (1853) also confirms that the islanders seldom came to the mainland. By all accounts, four young men in a currach were driven by a fierce storm into Sheephaven Bay sometime at the beginning of the nineteenth century; curiosity tempted them to make their way to Dunfanaghy, where they were astonished at the size of the town and marvelled at the well-stocked shops. They were particularly attracted to the apothecary's shop and to a white, delft jar, oval in form, displayed on a shelf. The owner, in response to their queries, informed them mischievously that it was a mare's egg. As there were no horses on Tory at the time the islanders purchased the egg. With great care they carried it to their currach, but as they descended the cliffs the egg escaped from their grasp and rolled down the steep incline until it was dashed to pieces against a rock. An unfortunate hare, which had been hiding behind the rock, sprang from her place of concealment and hurried away. The Tory men were particularly disappointed for the incident had demonstrated that had the egg reached its destination they would have been fully compensated for their outlay.[4]

De réir na bhfinscéalta roghnaigh rí mara darbh ainm Balor an t-oileán álainn atá luaite sa seanscéal seo mar áit chónaithe dó féin agus thug sé Tor Rí – Carraig an Rí-air (*Féach léarscáil 1 ar leathanach 2*). Maíonn údaráis eile go mbaineann an t-ainm leis na seacht dtor nádúrtha atá ar na beanna ó thuaidh agus thoir.[1] Maítear fosta go dtig an t-ainm ó Oileán Thórraimh-oileán sochraide. Glactar leis gur áit naofa Toraigh agus tá daoine ó áiteanna chomh fada ar shiúl le Maigh Eo curtha ar an oileán.[2]

Cuidíonn suíomh iargúlta Thoraí le dearcadh na n-oileánach ar an tír mór a thuigbheáil. Labhraíonn siad faoi 'dul amach go hÉirinn' agus dhiúltaigh siad glan glacadh le 'am samhraidh' nuair a tugadh isteach go hÉirinn ar dtús é, agus lean siad ar aghaidh leis an am s'acu féin. Sampla maith den neamhspleáchas seo an scéal faoi scoláire i dToraigh ar iarradh air aiste a scríobh faoi Éirinn. Chuir an stócach tús uirthi leis an abairt, 'Is oileán mór amach ó chósta Thoraí í Éire.'

Fulaingíonn an t-oileán sceirdiúil seo go leor damáiste ag gaotha láidre, an oiread sin is nach bhfásann crainn. Insíonn Caesar Otway (1827) scéal faoi bhád iascaireachta de chuid Thoraí a raibh seachtar nó ochtar d' fhoireann ann agus gur cuireadh isteach i mbá na nÍardaí ar an tír mór iad ag stoirm uafásach i 1826.[3]

Mar a tharla sé ní raibh duine ar bith acu ar an tír mór riamh roimhe ná ní fhaca aon duine acu crann lena shaol. Chuir siad iontas ar na daoine san áit nuair a chuir siad duilleoga agus craobhacha beaga ina bpócaí le tabhairt ar ais chun an oileáin.

Deimhníonn scéal ó Edmund Getty (1853) gur annamh a thiocfadh oileánaigh go tír mór. De réir gach scéil b'éigean do churach a raibh ceathrar óganach ann dul isteach i bport i mbáigh Chuan na gCaorach le linn stoirme am éigin ag tús an naoú céad déag; rinne said a mbealach go Dún Fionnchaidh le fiosracht agus leath na súile orthu nuair a chonaic siad chomh mór agus a bhí an baile agus na siopaí lán earraí. Chuir siad suim mhór i siopa poitigéireachta agus go háirithe i bpróca deilf bhán ubhchruthach a bhí ina shuí ar seilf. Nuair a cuireadh ceist ar an úinéir faoi, dúirt sé le tréan diabhlaíochta gur ubh lárach a bhí ann. Ó tharla nach raibh capall ar bith i dToraigh ag an am cheannaigh na hoileánaigh an ubh. Thóg siad an ubh ar ais go dtí an curach go cúramach ach thit sí uathu nuair a bhí siad ag dul síos an bhinn agus d'imigh sí síos an fhána ghéar gur bhris sí in éadan carraige. Léim giorria bocht, a bhí i bhfolach ar chúl na carraige, amach as a chró folaigh agus d'imigh ar cosa in airde. Bhí díomá mhór ar fhir Thoraí nó léirigh an eachtra seo go dtabharfaidís isteach a gcuid caiteachais dá mbainfeadh an ubh a ceann scríbe amach.[4]

Is féidir go bhfuil na hoileánaigh chomh pisreogach sin faoin nádúr go fóill mar thoradh ar an síor-réabadh a fhulaingíonn siad ag na heiliminti. Déanann séideáin sí, gaoth a chruthaíonn na síoga, an oiread dochair agus a dhéanann gaotha nádúrtha. Go minic bhí an chontúirt ann go síobfadh séideán sí an ceann de theach. Braon maith poitín caite thart taobh amuigh den teach an t-aon rud amháin a shásódh an slua sí. Ar ócáid amháin thóg gaoth sí fear as Toraigh, darbh ainm Ó hOireachtaigh, go Glaschú. D'obair sé ansin ar feadh dhá bhliain; nuair a phill sé ar an bhaile dúirt sé lena bhean go raibh sí go fóill ag bácáil, díreach mar a bhí nuair a thóg na síoga ar shiúl é dhá bhliain roimhe sin. Dúirt sise nach raibh sé ach i ndiaidh an teach a fhágáil dhá bhomaite níos luaithe, ach bhí cruthúnas ag an Oireachtach nó bhí gúna anall leis

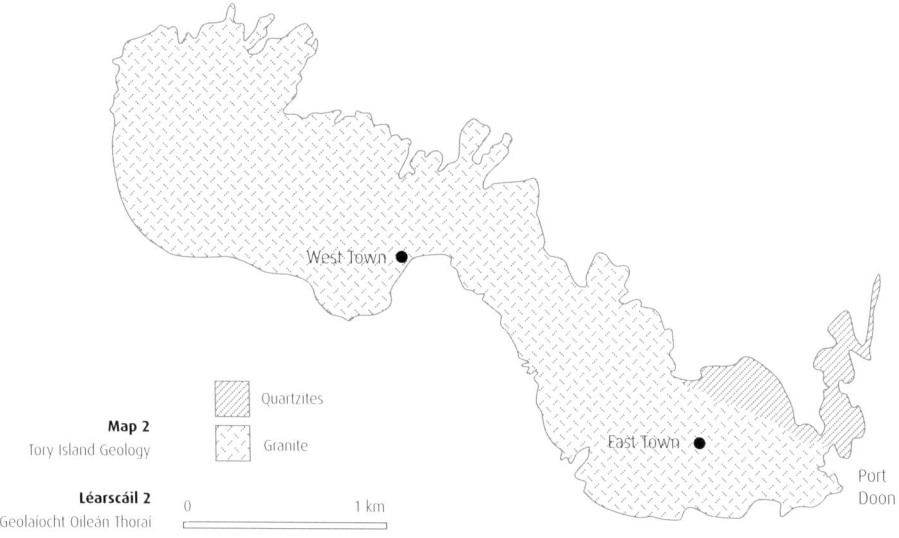

Map 2
Tory Island Geology

Léarscáil 2
Geolaíocht Oileán Thoraí

Perhaps it is because of the constant battering from the elements that the islanders still retain such a marked superstitious regard for nature. Supernatural whirlwinds, generated by the fairies, cause as much havoc as the winds created by the forces of nature. Frequently fairy winds threatened to blow the roofs off houses. Only a liberal sprinkling of poteen around the outside of the house would placate the fairy host. On one occasion a Toryman, by the name of Heraghty, was lifted by a fairy wind and transported to Glasgow. He worked there for two years; when he arrived home again he remarked to his wife that she was still baking just as she had been doing when he was carried away by the fairies two years ago. His wife retorted that he had only left the house two minutes ago, but Heraghty said that he had proof that he had been in Glasgow for he had bought her a dress there. When he went to fetch the parcel he had left at the doorstep, there was nothing to be found.

Although Tory is less than three miles long and only three-quarters of a mile at its widest point, a considerable variation of topography is to be found due to contrasting rock types (*see Map 2 to left*). The hard, resistant quartzites to the north and east are expressed in steep slopes terminating in sea cliffs 300 feet in height. These cliffs carved into a multiplicity of headlands, creeks and caves are inaccessible to the island boats. By way of contrast a peneplain has developed on the younger less resistant granites to the south.[5] The two main harbours, West Town and Port Doon, are located here. West Town, the main port, suffers from shallow waters; in the past larger boats had to anchor a distance from the pier at low tide and discharge their goods and passengers into smaller craft. In recent years the pier has been extended and the sea bed dredged providing access for larger vessels even at low tide. Port Doon, at the eastern end of the island, has a safe harbour and would have been the main landing place for boats until the pier was built at West Town in 1903. When the landlord, Mr Woodhouse, visited the island in 1853 a currach and a larger boat were sent out from Port Doon to meet and convey the new master to the headland where the islanders had gathered to meet him.[6]

The island's arable land is also to be found on this lower land along the southern coast. Only 250 of Tory's 785 acres can be considered arable land. The islanders hold their land within two large open fields, known as infields, which are surrounded by dry-stone walls. Most of the landholders have their land in compact narrow strips separated from each other by balks or mearings and radiating from the centrally located clachans, East Town and West Town. All grazing is in common; each town has an outfield on which it can graze its livestock.

The open field
at East Town (1957)

An pháirc fhoscailte,
an Baile Thoir (1957)

faoina coinne. Nuair a chuaigh sé leis an bheart a d'fhág sé ar leac an dorais a fháil, ní raibh rud ar bith ann.

Ainneoin go bhfuil Toraigh níos lú ná trí mhíle ar fad agus nach bhfuil sé ach trí cheathrú míle ar leithead ag an phointe is leithne, tá éagsúlacht mhaith topagrafachta le fáil ann de thairbhe na gcineálacha éagsúlacha carraige. (*Féach Léarscáil 2 ar leathanach 4*) Tá grianchloichít crua frithsheasmhach ó thuaidh agus thoir sna fánaí géara a chríochnaíonn i mbeanna atá 300 troigh ar airde. Tá na beanna seo snoite i gcinn tíre, góilíní agus uaimheanna, agus tá siad doshroicte ag báid an oileáin. Mar mhalairt air seo tá leathphlána déanta den eibhear ó dheas mar a bhfuil an charraig níos óige agus níos boige.[5] Tá an dá phríomhphort, An Baile Thiar agus Port an Dúin, ar an taobh seo. Bíonn deacrachtaí le huisce éadomhain ag an phríomhphort, an Baile Thiar; san am a chuaigh thart bhí ar shoithí móra ancaire a chur síos tamall ar shiúl ón ché ag lag trá agus a lasta agus a gcuid paisinéirí a chur isteach i mbád is lú. Le cúpla bliain anuas cuireadh leis an ché agus rinneadh dreidireacht ar thóin na farraige le ligean do na

During the twentieth century dramatic changes occurred on Tory. The island's economy changed from one in which land was intensively cultivated and fishing supplementary, to one in which fishing was predominant and agriculture a secondary activity. Agriculture declined even further during the final decade of the twentieth century and has now virtually ceased on the island.

The islanders made full use of granite for building. Most of the older houses and ecclesiastical remains are built of red granite boulders cemented by lime manufactured from burnt limpet shells, which had been discarded in quantities along the shore after they had been used for bait. Roofs were generally thatched with straw held in place with a network of ropes and kept down by granite stones, but some cottages had tin roofs which frequently became rusty and leaked. Slates replaced thatch and tin in the twentieth century.

Granite, rather than quartzite, was the preferred building stone (*see Map 2 on page 4*). This speckled rock was regarded as lucky and ensured health and prosperity in the household. Many of the old cottages had quern stones buried in the foundations to ensure, by association, a plentiful supply of food for the occupants.

The island has two large loughs, one of which provides the island's water supply; however, many of the islanders still prefer to lift their drinking water from wells, which they claim to be less brackish than the loughs, which are exposed to constant salt spray. The wells are well maintained and protected by sturdy stone structures some of which are whitewashed. Most of the wells are of considerable age and have provided for the islanders' needs over the centuries. One well in particular is associated with St Colmcille.

Tory's peat bogs are located south of the line where the contrasting rock types meet. The bogs were once extensive and were said to be six sods deep. However, as a result of the demands of the kelp and poteen industries, the bogs were exhausted by the beginning of the twentieth century and the Government has had to provide the islanders access to bogs on the mainland. Many of the islanders still prefer to scrape the very top soil from their land in their desperate bid for a source of fuel nearer home. Piles of stones that once served as foundations for stacks of peat are dotted over the landscape and help to delineate the boundaries of a once extensive area of bogland.

The peat bogs were meticulously apportioned until the twentieth century; the King divided them up in secret and assigned an object such as a rag or a bone to each lot. To the assembled islanders he would call out 'Who's for the rag?'. 'Who's for the bone?'. The first to respond to each call would receive the appropriate share of the bog. Like their arable patches in the infield, the bogland was rotated from year to year to ensure a fair share of the island's fuel resources.

The boglands were said to be the haunt of a sinister character known as Will-o'-the-Wisp. Many islanders encountered him running through the turf stacks with a lighted candle, which emitted a bright blue light. This often provided a warning to fishermen on Tory Sound of an impending storm or an imminent death.

There is a saying in Donegal that if you can see Tory from the mainland it is going to rain and if you cannot see it then it is raining. Tory's weather, dominated by the North Atlantic depressions, has a lower rainfall than the more elevated mainland. Often one can be enjoying bright weather on Tory while the

soithí móra teacht isteach fiú ag lag trá. Tá port sábháilte ag Port an Dúin ar an cheann thoir agus bhíodh sé ina phríomhphort ag soithí go dtí gur tógadh an ché ar an Bhaile Thiar i 1903. Nuair a tháinig an tUasal Woodhouse, tiarna talún ar cuairt i 1853 cuireadh curach agus soitheach mór amach as Port an Dúin ina araicis leis an mháistir úr a thabhairt go dtí an ceann tíre mar a raibh na hoileánaigh cruinn le bualadh leis.[6]

Tá talamh arúil an oileáin suite ar an talamh íseal seo ó dheas. Ní thabharfá talamh arúil ach ar 250 de na 785 acra talaimh i dToraigh. Coinníonn na hoileánaigh a gcuid talaimh taobh istigh de dhá pháirc oscailte a dtugtar garpháirceanna orthu, a bhfuil balla cloiche thart orthu. Tá a gcuid talaimh ag an chuid is mó de na sealbhóirí i stráicí caola dlútha, a bhfuil iomairí eatarthu agus radaíonn siad ó na clocháin lárnacha, an Baile Thoir agus an Baile Thiar. Bíonn an t-eallach ar féarach le chéile; tá cianpháirc ag an dá bhaile inar féidir eallach a chur ag innilt ann.

I rith an fhichiú haois tháinig athrach iontach ar Thoraigh. D'athraigh an geilleagar ó chóras a raibh saothrú talaimh mar bhunchloch aige agus an iascaireacht ag cur leis, go córas ina raibh an iascaireacht sa chéad áit agus an fheirmeoireacht sa dara háit. Tháinig meath ar an fheirmeoireacht arís sna deich mbliana dheireanacha den fichiú haois agus anois ní mó ná gurb ann di ar an oileán.

Bhain na hoileánaigh an úsáid as an eibhear faoi choinne tógála. Tógadh bunús na seantithe agus na mballóg eaglasta le bolláin eibhir dheirg a cuireadh le chéile le haol, a rinneadh nuair a dódh sliogáin bhairní a caitheadh ar leataobh i ndiaidh iad a úsáid mar bhaoití. Ceann tuí a bhíodh ar na tithe don chuid is mó agus coinníodh an cochán in áit le gréasáin rópaí a coinníodh síos le clocha eibhir, ach bhíodh díon stáin ar chuid de na tithe agus thagadh meirg orthu go minic agus ligtí isteach uisce. Cuireadh sclátaí in áit an tuí agus an stáin sa fichiú haois.

Patrick Og Rodgers, former King of Tory Island, bringing home the turf

Pádraig Óg Mag Ruairí, seanrí de chuid Thoraí, ag tabhairt abhaile na móna

D'úsáidtí eibhear seachas grianchloichít faoi choinne tógála (*Féach léarscáil 2 ar leathanach 4*). Chreidtí go raibh ádh sa charraig bhreac seo a dhéanfadh cinnte go mbeadh sláinte agus rachmas sa teaghlach. Chuirtí bró i ndúshraith cuid de na seantithe lena dhéanamh cinnte go mbeadh bia fairsing ag na daoine i gcónaí.

Tá dhá loch mhóra ar an oileán, agus tig soláthar uisce an oileáin ó cheann acu; is fearr le cuid de na hoileánaigh, áfach,

Donegal Hills are clouded in rain. The rainfall, around forty inches annually, is evenly distributed throughout the year and nourishes an abundant growth of grass. Tory's climate is typically oceanic, mild and without extremes of temperature. Frost and snow are rare and the summer temperatures seldom reach 20°C. However, spring comes late; the islanders plant their potatoes and sow their corn somewhat later than on the mainland.

Despite the fact that the greater part of Tory is rocky pasture land, the island has a considerable range of flora which includes gentians, junipers and orchids. Only a few species are to be found along the northern cliffs where the incessant storms sweep the rocks clear of all but the most enduring plants such as the sea pink. The shelving southern coast provides a rich habitat for lichens, seaweed, barnacles, mussels and kelp. There is a close inter-relationship between the people and the flora and fauna with which they share their island. For example many of the plants have curative powers, such as carraigín moss for shortness of breath and dock leaves for warts.

The many ledges along the cliffs are home to hundreds of seabirds including stormy petrels, puffins and guillemots. These birds and their eggs were eaten by the islanders until the end of the nineteenth century. They were captured during the night by the islanders, who climbed down the cliff face to their nests with the aid of ropes.

Even though the physical landscape is harsh, the islanders have a marked respect for their island home and natural features are referred to with affection. Every cliff has its own name – Mórard, 'The Great Height'; Mullach Maosach, 'The West Summit'; and Leac na Leannán, 'The Lovers' Stone'. Likewise every indentation is named: Port Ghlais, 'The Green Port', and Port Delig,' 'The Harbour of the Pin'. The islanders are also closely attached to their holdings and every strip of land is named. Some of the names refer to previous landowners Páirc Pheadair, 'Peter's Field', and some to the type of crops grown Páirc an Lín, 'The Flax Field' and Fódacha, 'Sods'.[7] Many place names derive from wrecks, Feadán an Wasp is the name given to the rocks where the British frigate HMS Wasp was wrecked in 1884 on her way to collect rents and rates. According to Admiralty records the Wasp was wrecked in Tory Sound due to a navigational error, but island tradition has it that the vessel was wrecked due to the efficacy of the Tory Cursing Stone.

Tory derived considerable benefit from wrecks. Wood on a treeless island had many uses and iron was employed in the making of farming implements, hearths and gates. Even more acceptable were the cargoes of flour, wheat and clothing which were washed ashore. It was the tradition for certain islanders to keep a watch for salvage, and stone shelters were erected as observation posts. Malicious stories are told of the islanders encouraging ships to their doom by flashing lights in treacherous places along the northern coast; the islanders strenuously deny these allegations and point out there is nothing wrong in profiting from salvaged materials.

It was not only the Cursing Stone which had magical properties. Leac na Leannán, a precipitous sea stack is also endowed with similar qualities. A wish is granted to anyone foolhardy enough to step from the cliff face on to the rock and turn round three times. Alternatively a wish is granted to anyone who succeeds in throwing three stones on to it. The very clay of Tory is attributed

uisce a fháil sna toibreacha mar deir siad nach bhfuil an t-uisce sin chomh goirt céanna leis na lochanna a dtig cáitheadh sáile orthu de shíor. Coinnítear bail mhaith ar na toibreacha; bíonn ballaí láidre cloch thart orthu agus cuirtear aoldath ar chuid acu. Tá aois mhaith ag an chuid is mó acu agus iad ag soláthar uisce leis na cianta. Tá baint ag Naomh Colm Cille le ceann amháin acu

Tá portach Thoraí ó dheas ar an líne a dtig an dá chineál éagsúla carraige le chéile. Bhíodh an portach fairsing in am amháin agus deirtí go raibh sé sé fhód ar dhoimhneacht. Ach mar thoradh ar éileamh na ceilpe agus lucht déanta poitín bhí an portach caite ag tús an fhichiú haoise agus b'éigean don Rialtas portach a chur ar fáil do na hoileánaigh ar an tír mór. Is fearr le cuid de na hoileánaigh scraitheanna a bhaint óna gcuid talaimh féin, i dtréaniarracht breosla a aimsiú níos cóngaraí den bhaile. Tá cairn cloch, a bhíodh mar bhun chruach móna, scaipthe fríd an oileán agus cuidíonn siad le críocha an phortaigh, a bhíodh ann, a aimsiú.

Roinneadh an portach go mionchúiseach cothrom go dtí an fichiú haois; roinneadh an Rí go rúnda é agus dháileadh sé rud éigin macasamhail cifleog nó cnámh d'achan roinn. Ansin agus an pobal cruinn deireadh sé, 'Cé ar mhaith leis an chifleog? Cé ar mhaith leis an chnámh?' An té is gaiste freagra a gheobhadh an roinn sin den phortach. An dóigh chéanna leis na paistí arúla sa ghairpháirc, rinneadh scalaíocht ar an phortach ó bhliain go bliain lena dhéanamh cinnte go bhfuair achan duine sciar cothrom de bhreosla an oileáin.

Deirtí gur sa phortach ar ghnách le carachtar drochghnúiseach darbh ainm Seán na Gealaí a bheith. Is iomaí oileánach a casadh air agus é ag rith fríd na cruacha móna agus coinneal lasta aige, a raibh bladhaire gorm aisti. Ba tuar stoirme, nó tuar bás tobann é seo go minic ag iascairí ar chanáil Thoraí.

Tá rath i nDún na nGall a deir go bhfuil fearthainn air má tá tú ábalta Toraigh a fheiceáil ón tír mór, agus mura bhfuil tú ábalta é a fheiceáil go bhfuil sé ag cur cheana féin.

Bíonn níos lú fearthainne i dToraigh, atá faoi smacht lagbhrúnna an Atlantaigh Thuaidh, ná mar a bhíonn ar an talamh ard ar an tír mór. Go minic beidh an ghrian ag scoilteadh na gcloch i dToraigh fad agus tá an fhearthainn ag titim go trom ar shléibhte Dhún na nGall. Titeann an bháisteach, thart ar daichead orlach sa bhliain, i rith na bliana agus cothaíonn sé fás fairsing féir. Is gnáthaeráid mhara é aeráid Thoraí, measartha agus gan teocht fhoircneach ar bith ann. Is annamh a bhíonn sioc nó sneachta ann agus ní minic a bhíonn teocht os cionn 20°C ann sa samhradh. Bíonn an tEarrach fadálach ag teacht áfach; cuireann na hoileánaigh a gcuid prátaí agus a gcuid arbhair níos moille ná mar a dhéantar ar an tír mór é.

Ainneoin gur talamh féaraigh creagach an chuid is mó de Thoraigh tá réimse leathan fásra ann, ina measc ceadharlaigh, aiteal agus magairlíní. Níl ach cúpla cineál ar fáil ar na beanna ó thuaidh, áit a mbaineann an ghaoth shíoraí achan rud ach na plandaí is dochlóite, ar nós an nóinín cladaigh, den charraig. Tá gnáthóg shaibhir do chrotal, feamainn, bairnigh, sliogáin dhubha agus ceilp ar an chósta fánach ó dheas.

Tá dáimh ag na daoine leis an fhásra agus leis na hainmhithe a roinneann an t-oileán leo. Mar shampla tá íocshláinte i gcuid mhór de na plandaí ar nós carraigín, atá maith ag giorra anála, agus copóga a leigheasann faithní.

Is áit chónaí ag na céadta éan na leaca iomadúla ar na beanna, ina measc peadairíní na stoirme, éin bhreac, agus forachain. D'itheadh na hoileánaigh na héin seo agus a gcuid uibheacha

Left
Philip Duggan,
the eldest member
of the Duggan family

Pilib Ó Dúgáin,
an duine is aosta
den dream

Right
Philip places holy clay
in a currach

An chréafóg naofa
á cur i gcurach Philib

with special qualities, such as the power to ward off vermin and the power to protect fishermen whilst at sea. It was Colmcille who endowed the clay of a grave at Mhór Sheiseair, 'Church of the Seven' with these magical qualities, and he granted the eldest member of the Duggan family the right to lift and administer the sacred clay. To obtain the clay it is necessary to ask for it 'in the name of God and Colmcille'. There is not a single rat on Tory, and people travel to the island to collect the special clay. By all accounts a Belfast lighthouse keeper once brought a pair of rats to Tory to test the efficiency of Tory clay. Both rats expired as soon as they were released.

The islanders also carried holy clay when they were working on the mainland or in Scotland; the clay was equally effective miles from its source ensuring that the islanders were never plagued with rats. Philip, the eldest member of the Duggan family, tells a story of a visit to Scotland for seasonal work. He and three other labourers lived at a farmyard, which was infested with rats. Philip had brought holy clay with him; he placed it at the four corners of the house making the sign of the cross as he deposited it. The other labourers in disbelief attempted to attract rats into the household by placing bread on the doorstep. As the rats attempted to cross into the area protected by the holy clay they let out a high

suas go dtí deireadh an naoú céad déag. Bheireadh na hoileánaigh orthu i rith na hoíche nuair a dhreapadh siad síos aghaidh na binne le rópaí.

Bíodh is go bhfuil an tírdhreach fisiceach crua tá meas ag na hoilcánaigh ar a n-oileán dúchais agus déantar tagairt gheanúil do ghnéithe nádúrtha. Tá a ainm féin ar achan bhinn- Mórard, 'an t-ard mór'; an Mullach Maosach, ' ardán bog'; Leac na Leannán, 'cloch na leannán'. Mar an gcéanna leis na bearnaithe: Port Ghlais, 'an port glas' agus Port Deilg, 'port an bhioráin'. Tá dáimh ag na hoileánaigh lena gcuid talaimh agus tá ainm ar achan stráice talaimh. Déanann cuid de na hainmneacha tagairt do dhaoine a mbíodh an talamh ina seilbh, Páirc Pheadair-'Peter's Field', agus baineann cuid acu leis an bharr a bhíodh curtha ann, 'Páirc an Lín' 'The Flax Field' agus 'Fódacha' 'sods'.[7] Tá logainmneacha a bhaineann le longbhriseadh, 'Feadán an Wasp' a thugtar ar na carraigeacha ar briseadh an frigéad Breatnach HMS Wasp orthu i 1884 agus í ar an bhealach le cíos agus rátaí a thógáil. De réir na hAimiréalachta chuaigh sí síos mar thoradh ar mheancóg stiúrtha ach de réir sheanchas an oileáin briseadh í nuair a tiontaíodh Cloch na Mallachta uirthi.

Théadh longbhriseadh chun sochair do mhuintir an oileáin. Ba luachmhar adhmad ar oileán nár fhás crann ann agus bhaintí feidhm as iarann le gléasanna feirmeoireachta, teallaigh agus geataí a dhéanamh. B'fhearr arís na lastaí plúir, cruithneachta agus éadach a thagadh isteach leis an lán mara. Bhí nós ag oileánaigh áirithe súil a choinneáil amach faoi choinne éadála agus tógadh scáthláin chloiche mar phoist faire. Insítear scéalta mioscaiseacha faoi oileánaigh ag díriú soilse ar áiteanna contúirteacha ó thuaidh le soithí a mhealladh chun a mbriste ar na carraigeacha; cuireann na hoileánaigh suas de na líomhaintí ar fad agus cuireann ar ár súile nach bhfuil a dhath ar bith cearr le leas a bhaint as éadáil.

Ní ag Cloch na Mallachta amháin a raibh cumhacht speisialta aici. Tá tréithe draíochta ag Leac na Leannán, staic ghéarchrochta mara, chomh maith.

Bronntar mian a chroí ar an té atá meargánta go leor le seasamh amach ar an leac ón bhinn agus tiontú thart trí huaire. Is féidir mian a fháil ach trí chloch a chaitheamh ar an leac. Tá tréithe speisialta ag an úir féin i dToraigh, ruaigfidh sé luchóga móra agus cosnóidh sé iascairí ar an fharraige. Ba é Colm Cille a bhronn cumhacht speisialta ar an úir ag uaidh an Mhórsheisir, 'teampall an tseachtair', agus d'fhág sé ar an duine is sine de na Dúgánaigh an ceart an úir seo a thógáil agus a chur i bhfeidhm. Leis an úir seo a fháil caithfidh tú achainí a dhéanamh in ainm Dé agus in ainm Cholm Cille. Níl oiread is luchóg mhór amháin i dToraigh, agus rachaidh daoine go dtí an t-oileán leis an úir a fháil. Is cosúil go dtug coimeádaí theach an tsolais as Béal Feirste dhá luchóg mhóra go Toraigh leis an úir a mheas. Fuair an dá luchóg mhóra bás chomh luath agus a scaoileadh saor iad.

Bhíodh úir leis na hoileánaigh nuair a théidís ag obair ar an tír mór nó in Albain; bhí an úir chomh héifeachtach céanna na mílte ar shiúl óna fhoinse agus rinne sé cinnte nach raibh na hoileánaigh riamh céasta ag luchóga móra. Insíonn Feilimidh, an duine is sine de na Dúgánaigh, faoi chuairt a thug sé ar Albain faoi choine obair shéasúrach. Bhí sé féin agus triúr eile ag stopadh i dteach feirme a bhí lán luchóg mór. Bhí úir le Feilimidh; chuir sé sna ceithre choirnéal den teach í, ag gearradh comhartha na croise fad is bhí sé á cur. Agus amhras orthu, d'fhág na hoibrithe eile arán ar leac an dorais ag iarraidh luchóga móra a mhealladh isteach sa

pitched squeal and retreated in terror. As long as Philip remained at the farm the homestead was protected from rats.

Tory fishermen always carry holy clay with them either in their pockets or in a little bag tied to the bow of a boat; this provides protection against whales and sharks, which hunt the shoals of herring and mackerel around the shores of the island.

The physical landscape seems to have had considerable influence on folklore. The harsh inhospitable north of the island is associated with pagan tales, which tell of times of violence and superstition, whereas the more hospitable southern slopes are the cradle of Christianity and of Colmcille, the dove of peace.

The formidable northern cliffs bear the name of Balor the leader of the Fomorians, a band of pirates reputed to be among the earliest inhabitants of Ireland. Balor had a cyclops' eye and so wicked was he that an angry glance from him was sufficient to incinerate his enemies. Balor spent much of his time worrying about a Druid prophecy that he would be killed by his own grandson. The prediction eventually came true when his grandson, Lugh, the Celtic God of Light, thrust a glowing rod from a furnace through the basilisk eye of Balor.[8] Along the same cliffs is MacGorra's Rock where Colmcille turned an islander into stone for fishing on a Sunday and lying about it. Further west is the distinctive Cloch Arclai Rock, once the resting place of the celebrated Tory Cursing Stone, which was washed away during high seas at the end of the nineteenth century.

It is Colmcille, however, that dominates the southern coast. A huge crater marks the spot where his crozier landed after he had hurled it from the mainland in the knowledge that where it landed there he would build his monastery. Nearby is a huge boulder where the saint stopped the savage hound of the pagan overlord dead in its tracks. The paw marks of the dog are still discernable on the rock on which it fell, and a nearby rock was split in two by the force of its tail. It was a request from Colmcille that gave rise to this ugly scene. When he arrived on Tory he asked the pagan overlord, Oillil, for a portion of land on which to build his church; when Oillil refused, the Saint took off his cloak and begged for a piece of land just the size of his cloak for his oratory. A bemused Oillil reluctantly agreed, but to his astonishment the cloak spread until it covered the entire island. It was after this that Oillil set his dog on the Saint.

A man named Duggan is said to be the first islander to befriend him and to be converted to Christianity. Duggan gave Colmcille a piece of land on which to build his monastery and the Saint showed his appreciation by appointing him King of Tory. Robin Fox believes that the King is a direct descendant of the old Brehons who were experts in the interpretation of the law.[9] An island like Tory would have had its local laws in respect of the land and the shoreline, and would have required a Rí or King to interpret the laws of inheritance, which gave every heir of a landholder the right to a portion of land. Under the pre-Famine Rundale system of farming, he was responsible for the rotation of patches of land in the infield and for the settlement of any disputes relating to inheritance. He also had to divide the bogland and the shoreline, which were as meticulously apportioned as the infield. His powers even extended to livestock and from time to time he had to make rulings in order to protect the arable land from livestock.

teach. Nuair a rinne na luchóga móra iarracht dul isteach san áit a bhí cosanta ag an úir lig siad scread ghéar astu agus d'imigh siad le heagla. Fad agus a d'fhán Feilimidh ag an fheirm bhí sí saor ó luchóga móra.

Bíonn úir le hiascairí Thoraí i gcónaí bíodh sí ina bpócaí nó i mála beag ceangailte i dtosach an bháid; cosnaíonn sí iad ar na péisteanna agus ar na siorcanna a leanann na scadáin agus na murlais thart ar chósta an oileáin.

Is cosúil go ndeachaigh an tírdhreach fisiceach go mór i bhfeidhm ar an bhéaloideas. Baineann an taobh garbh, doicheallach ó thuaidh le scéalta págántachta a chuireann síos ar fhoréigean agus ar phiseoga, agus is cliabhán na Críostaíochta agus Cholm Cille, colm na síochána, na fánaí fáilteacha ó dheas.

Bhí Balor ina chinnire ar na Fómhóraigh, grúpa foghlaithe mara a bhí in ainm is a bheith ar na luathchónaitheoirí in Éirinn, agus tá a ainm ar na beanna scanrúla ó thuaidh. Bhí súil chioclópach ann agus bhí sé chomh hurchóideach sin gur leor amharc feargach amháin as ruball a shúile agus dhófaí a chuid naimhde. Chaith Balor uaireanta fada ag machnamh ar thairngreacht Draoi go maródh a gharmhac féin é. Tháinig an tuar faoin tairngreacht sa deireadh nuair a sháigh Lugh, Dia Ceilteach an tsolais, slat bheodhearg amach as tine fríd shúil bhaisileasc Bhaloir.[8] Ar na beanna céanna tá carraig Mhac gCorra, áit a ndearna Cholm Cille cloch d'oileánach de thairbhe go raibh sé ag iascaireacht ar an Domhnach agus ansin gur inis sé bréag faoi. Níos faide siar tá Cloch Arclaí, an áit ar luigh Cloch cháiliúil na Mallachta tráth sular síobadh ar shiúl í le linn farraigí móra ag deireadh an naoú céad déag.

Is é Cholm Cille, áfach, atá i gceannas ar an chósta theas. Tá cráitéar ollmhór san áit a dtáinig a chroisín anuas i ndiaidh dó é a chaitheamh ón tír mór agus fios aige go dtógfadh sé a mhainistir cibé áit a dtuirlingeodh sé. Taobh leis tá bollán mór san áit ar chuir Cholm Cille stop le cú nimhe an ardtiarna phágánaigh. Tá lorg na gcrúb le feiceáil go fóill ar an charraig ar thit sé uirthi, agus scoilteadh cloch eile ag a taobh ina dá chuid le buille a rubaill. B'achainí a rinne Cholm Cille ba chúis leis an achrann. Nuair a bhain sé Toraigh amach d'iarr sé píosa talaimh ar an ardtiarna págánach, Oilill, le go dtógfadh sé teach pobail; nuair a chuir Oilill suas de bhain an naomh a chlóca de agus d'iarr oiread talaimh is a chlúdódh an clóca don aireagal. Thug Oilill, a bhí rud beag fríd a chéile, isteach dó go neamhthoilteanach ach bhí iontas air nuair a spréigh an clóca amach gur chlúdaigh se an t-oileán ar fad. Ba ina dhiaidh sin a chuir Oilill an madadh a ionsaí an naoimh.

As the savage hound of Oilill dropped dead its tail split a rock

Tráth a thit cú fíochmhar Oilill scoilt a ruball creag.

However, the monarchy extends back even further in time. Tory is one of the earliest places mentioned by the bards who tell of Coñan, a Fomorian King, who had a fortress with a tower at the eastern end of the island. The very name Tory is said to be derived from Coñan's Tower – Tor Inis 'the Island of the Tower'; others hold that it was named Tor Rí 'the Tower of the King.[10]

Tory's land, which once provided the island's food, fuel, and fertilizers, and influenced its folklore and mythology, now lies in a state of neglect. There is no longer any enthusiasm for growing crops, caring for animals, or gathering shoreline products. The land is no longer of any significance, the islanders can exist without it; unemployment benefit, subsidies, shops, and remissions from emigrants have all reduced dependence on it.

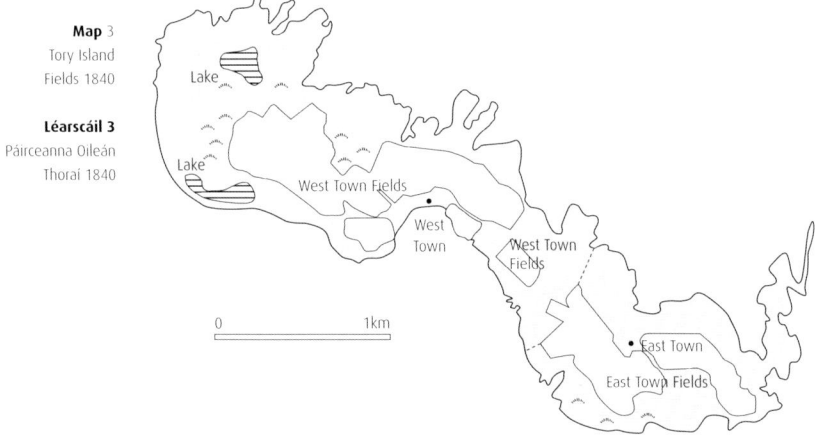

Map 3
Tory Island Fields 1840

Léarscáil 3
Páirceanna Oileán Thoraí 1840

Rundale System of Farming

Man's activities on the land have created a unique landscape of clustered settlements in close juxtaposition with arable land. Until the middle of the nineteenth century Tory supported a population of almost 400 people, who were concentrated into two clachans, West Town and East Town (*see Map 3 on this page*). Around these settlements lay the cultivated infields where each landholder had his land scattered in small patches of no more than a quarter of an acre in area. On Tory these patches were rotated on an annual basis to ensure that everyone had an equal share of the land.[11] Disputes between neighbours were frequent, and these quarrels were exacerbated by the antics of young boys who used to remove the rocks which served as boundaries between parcels of land. Beyond the cultivated land were the common grazing lands. As the commons had no fences, many animals were either tethered or hobbled to prevent them overrunning the neighbouring common or the adjacent infield. The islanders were permitted to keep their animals in the infields during the winter months to help manure and fertilise the land; however, all animals had to be removed by St Patrick's Day, the start of farming operations. Livestock created considerable ill-feeling for they continued to enter the infields throughout the growing season, severely damaging the crops. At one stage it was necessary for the King to intervene. He banished pigs and geese from the island and they have never been reinstated.[12]

As the population increased much land was reclaimed from the outfields. The walls delineating the infields were extended to include these reclaimed areas, creating in the process a mosaic of walls particularly to the west of East Town. Occasionally an

Deirtear gur Dúgánach an chéad duine de chiud ar oileáin a d'éirigh cairdiúil leis agus a chuaifi leis on Chríostaíocht. Thug an Dúgánach píosa talaimh do Cholm Cille le mainistir a thógáil agus rinne an naomh Rí Thoraí de dá thairbhe. Creideann Robin Fox go dtig an Rí anuas díreach ó na seanbhreithiúna a bhí ina saineolaithe dlí.[9] Bhíodh rialacha áitiúla ag oileán ar nós Thoraí maidir le talamh agus cladach, agus bhíodh Rí de dhíth le ciall a bhaint as dlíthe oidhreachta, a thug sciar den talamh d'achan oidhre.

Faoin chóras feirmeoireachta Rondáil, roimh an Ghorta Mhór, bhíodh sé freagrach as sealaíocht na bpaistí talaimh sa gharpháirc agus as achrann ar bith a d'éirigh aníos faoi oidhreacht a réiteach. Bhíodh air an portach agus an cladach a roinnt, rud a roinneadh chomh mionchúiseach céanna agus a roinneadh leis an talamh. Bhíodh sé freagrach as stoc chomh maith agus ó am go chéile bhíodh air rialú faoi thalamh arúil lena chosaint ar an stoc.

Ach téann an mhonarcacht siar níos faide ná sin. Tá Toraigh ar cheann de na chéad áiteanna a luaitear ag na baird a chuireann síos ar Chonán, Rí de chuid na bhFómharach, a raibh dún aige le túr ar an cheann thoir den oileán. Deirtear go dtig an t-ainm féin ó thúr Chonáin – *Tor Inis*, 'oileán an túir'; creideann daoine eile gur ó *Tor Rí* a thig sé 'Tur an Rí.'[10]

Tá talamh Thoraí, a thug bia, breosla agus leasú don oileán tráth agus a chuaigh i bhfeidhm ar a bhéaloideas agus a fhinscéalta anois ina luí bán. Níl díograis ar bith ann a thuilleadh le barraí a fhás, le aire a thabhairt d'ainmhithe ná le cruinniú cladaigh. Níl an tábhacht chéanna leis an talamh níos mó, tig leis na hoileánaigh maireachtáil gan é; chuidigh cúnamh dífhostaíochta, fóirdheontais, siopaí agus cuidiú ó imircigh le déanamh cinnte nach bhfuil na hoileánaigh i dtuilleamaí ar an talamh an oiread céanna anois.

Córas Feirmeoireachta Rondáil

Tá tírdhreach ar leith cruthaithe ag gníomhaíochtaí an duine ar an talamh de lonnaíochtaí cnuasaithe taobh le talamh arúil. Go dtí lár an naoú céad déag bhí pobal de chóir a bheith 400 duine i dToraigh, a bhí lonnaithe idir dhá chlochán, an Baile Thiar agus an Baile Thoir (*Féach léirscáil 3 ar leathanach 14*). Thart ar na lonnaíochtaí seo bhí garpháirceanna curtha ina mbíodh a chuid talaimh ag gach sealbhóir scaipthe i bpaistí beaga nach mbeadh níos mó ná achar ceathrú acra iontu. I dToraigh rinneadh sealaíocht ó bhliain go bliain ar na paistí seo lena dhéanamh cinnte go mbeadh sciar cothrom talaimh ag achan duine.[11] D'éireodh idir comharsana go minic agus chuirtí leis na hachrainn nuair a bhogfadh stócaigh óga clocha críche idir giotaí talaimh. Taobh amuigh den talamh curtha bhí talamh féaraigh. Ó tharla nach raibh claíocha ar bith ar an choimíneacht chaitheadh ainmhithe a cheangal nó laincis a chur orthu sa dóigh nach rachadh siad amú ar choimíneacht na gcomharsan nó isteach i ngarpháirc taobh leis. Bhí cead ag oileánaigh a gcuid ainmhithe a choinneáil sna garpháirceanna le linn an gheimhridh le cuidiú le leasú an talaimh; ach chaitheadh na hainmhithe a bheith ar shiúl faoi Lá 'le Pádraig, tús na feirmeoireachta. Chothaíodh ainmhithe cuid mhór trioblóidí nó théidís isteach sna garpháirceanna le linn shéasúr an fháis agus dhéanaidís dochar mór do na barra. Ag pointe amháin bhí ar an Rí idirghabháil a dhéanamh. Chuir sé an tóir ar mhuca agus ar ghéanna ón oileán agus níor tugadh ar ais ó shin iad.[12]

De réir mar a mhéadaigh líon na ndaoine glacadh seilbh ar chuid den talamh a bhí sna cianpháirceanna. Bogadh na ballaí a bhíodh thart ar na garpháirceanna siar leis an talamh úr seo a thabhairt isteach, rud a chruthaigh mósáic de bhallaí go háirithe ar an taobh

isolated patch of land would be reclaimed and surrounded by stone walls as in the arable land between West Town and East Town. Despite these efforts the size of holdings remained small. In 1830 the Tithe Applotment Rolls indicated that forty-nine tenants held 393 acres, which gave each household about eight acres of land (see *Appendix 1 on page 133*), but this acreage was inflated by the inclusion of a considerable acreage of common land from the outfield and it is unlikely that the acreage of arable holdings exceeded 250 acres – an average of five acres each.

Ownership of land was further complicated on Tory, for there were several joint holdings. Joint ownership was invariably the result of disputes : land was held jointly by a number of islanders when no one in particular had a claim to the land. Once the land had been thus apportioned the islanders would forget their disputes, and there is evidence to suggest that joint owners combined to cultivate the land and to harvest their crops.

The system of inheritance was bi-lateral in the sense that all siblings of a landholder, regardless of their sex, had a claim to the land. Pushed to its logical conclusion the bi-lateral system of inheritance could have led to even greater fragmentation, but the worst excesses were checked by the abandoning of claims due to emigration and marriage; theoretically the claims of an emigrant were still open, but in practice they were forgotten. Certain marriages, where both sides owned land, led to enlarged holdings. There was also a tacit agreement that only a certain amount of land should go into a marriage and that it should come from the side most able to provide it, who would forgo their claims, thus aiding a more balanced distribution of land among married couples.[13]

Under the rundale system of farming it was important to have a sound knowledge of kinship groups to enable a legitimate claim to be made on land in the event of intestacy or the lack of an immediate heir. The island's clann system evolved in response to this need. The islanders are divided into something like twenty-two clann groups – a clann consisting of all the descendants of an important ancestor over as many as six generations and in some instances at least 200 years.[14] The kinship groups extended into other spheres of life. Members of one group would often combine to manure and cultivate their lands. They also gave moral support to each other during island quarrels.

As long as this system of rundale farming prevailed, agricultural improvements were almost impossible, so deep-rooted were the traditions associated with the system. The 1837 Poor Law Act encouraged landlords to consolidate the fragmented holdings of the system, and in many parts of Ireland holdings were laid out in squared fields and new farmsteads were built each on its own holding thus helping to break up the clachans.

The islanders resented the idea of living in detached houses as their clachans consisted of inter-related kin-groups. West Town was made up of the Duggans, Rodgers, Doohans and McClaffertys, all inter-related through marriage. East Town consisted of the Diver and Meenan families. Furthermore, the social life of Tory with its storytelling, music and dancing was intimately linked with the clachans.

John Obins Woodhouse, a Dublin solicitor, purchased land in Donegal in 1844 including Tory Island. Woodhouse immediately attempted to consolidate his tenants' holdings on Tory but was bitterly opposed by the islanders. Nevertheless he rearranged

thiar den Bhaile Thoir. Ó am go chéile ghlactaí seilbh ar phaiste aonarach talaimh agus chuirtí balla cloiche thart air mar a tharla ar an talamh arúil idir an Baile Thiar agus an Baile Thoir. Ainneoin na n-iarrachtaí seo bhí na gabháltais beag i gcónaí. I 1830 dar leis an *Tithe Applotment Rolls* go raibh naoi dtionónta is daichead ann a raibh 393 acra eatarthu, rud a d'fhág go raibh thart faoi ocht n-acra talaimh ag achan teaghlach (*Féach Aguisín 1 ar leathanach 133*), ach glacadh neart acraí coimíneachta ó na cianpháirceanna san áireamh don líon acra sin agus ní dócha go raibh níos mó ná 250 acra de thalamh arúil – cúig acra an teaghlach ar an mheán.

Ba chasta arís úinéireacht talaimh i dToraigh nó bhí go leor comhshealbhaithe ann. Is as achrann a tháinig an comhshealbhú de ghnáth; bhíodh an talamh idir grúpa beag nuair nach raibh duine ar bith ar leith leis an talamh a éileamh. An uair amháin a socraíodh an talamh dhéantaí dearmad den achrann agus tá fianaise ann go mbíodh na comhshealbhóirí ag comhoibriú le barraí a chur agus a bhaint.

Bhí an córas oidhreachta dhá-thaobhach sa mhéid is go raibh an ceart céanna ag oidhre ar bith, ba chuma cé acu girseach ná stócach a bhí ann, bhí an ceart acu talamh a éileamh. Dá leanfaí leis an chóras dhá-thaobhach sin d'fhéadfadh sé tarlú go mbrisfí an talamh síos i bpíosaí is lú arís ach níor tharla nó chaith daoine suas a n-éileamh ar talamh de thairbhe imirce agus pósta; go teoiriciúil bhí éileamh an imircigh i gcónaí ann ach rinneadh dearmad díobh i ngníomh. I gcásanna áirithe pósta, ina raibh talamh ag an dá thaobh, méadaíodh ar na gabháltais. Bhí socrú déanta faoi thost nach rachadh ach méid áirithe talaimh isteach i bpósadh agus gur cheart dó teacht ó cibé taobh ba mhó a bhí ábalta é a thabhairt, a chaitheadh suas a n-éileamh féin agus ar an ábhar sin chuideodh sé le dáileadh níos cothroime talaimh do lánúnacha pósta.[13]

Faoin chóras feirmeoireachta Rondáil bhí sé tábhachtach bheith eolach go maith ar chlanna lena dhéanamh cinnte gur éileamh ceart a dhéanfaí ar an talamh i gcás díthiomnaithe nó i gcás nach raibh oidhre ann. D'fhás córas na gclann de thairbhe an riachtanais sin. Tig na hoileánaigh a roinnt idir tuairim is dhá chlann is fiche- is ionann clann agus na daoine uilig a tháinig anuas ó shinsear tábhachtach amháin thar suas le sé ghlúin agus i gcásanna áirithe 200 bliain ar a laghad. Bhí páirt ag na clanna i ngnéithe eile den saol. Chuideodh na baill as grúpa amháin lena chéile le leasú talaimh. Bhéarfadh siad tacaíocht fosta in am achrainn ar an oileán.[14]

Fad is a mhair an córas feirmeoireachta Rondáil bhí sé chóir a bheith dodhéanta go dtiocfadh feabhas ar chúrsaí feirmeoireachta, bhí na traidisiún a bhain leis an chóras chomh daingean sin. I 1837 mhol Acht Dhlí na mBocht (Poor Law Act) do thiarnaí talún gabháltais bheaga an chórais a thabhairt le chéile agus i go leor áiteanna in Éirinn leagadh amach gabháltais i bpáirceanna cearnógacha agus tógadh tithe nua feirme, achan cheann ar a ghabháltas féin, agus chuidigh seo leis na clocháin a bhriseadh suas.

Ní raibh dúil ag na hoileánaigh cónaí a dhéanamh i dtithe aonair mar bhí grúpaí gaolta sna clocháin. Bhíodh na Dúgánaigh, muintir Mhic Ruairí, Na Dúchánaigh agus muintir Mhic Laiféartaigh ar an Bhaile Thiar agus iad uilig muinteartha fríd phósadh. Ar an Bhaile Thoir bhí muintir Uí Dhuibhir agus muintir Uí Mhianáin. Chomh maith leis sin, bhain saol sóisialta Thoraí, lena scéalta, ceol agus damhsa, bhain sé go dlúth leis na clocháin.

East Town clachan

Clochán, ar an Bhaile Thoir

the small patches of land into long strips running from high to low land and radiating like a fan from a central nucleus. This arrangement was a concession to the tenants' reluctance to break away from the rundale framework. The long strips ensured that each tenant retained a fair share of the soil resources, and it also permitted the retention of the clachans (see Map 6 on page 30). Woodhouse's attempts at agrarian reform was in essence a compromise between progress and tradition.

Not only did Woodhouse divide the holdings into strips but he drew up regulations to prohibit the practice of bi-lateral inheritance in order to prevent any further subdivision of land by his tenants. At the same time he reduced the number of his tenants to thirty-four (see Appendix 2 on page 134) by removing one hundred islanders to the mainland. Despite Woodhouse's efforts these reforms failed to prevent fragmentation for the islanders, regarding their land as a trust to be used and handed on to their children, refused to abandon the practice of bi-lateral inheritance. Consequently sub-division of the newly created linear strips continued and the number of tenants increased from thirty-four in 1845 to seventy-one by the time of the Griffith's Valuation in 1857 (see Appendix 3 on page 135). Contrary to Woodhouse's expectations the average size of holdings continued to fall throughout the nineteenth century. In 1857 the average size of holdings was about three and a half acres, whilst by the end of the century it was just over three acres. Woodhouse's reforms had failed on Tory and by the end of the century the islanders had reverted to a system of farming not unlike the old rundale system, which had been particularly well suited to Tory with its scarce supply of arable land and its plentiful supply of rough pasture.

Woodhouse made frequent attempts to let and sell Tory on account of the resistance of the islanders to his agrarian reforms. In 1844 he received an offer from a Mr Downey, a merchant from Glasgow, who had come to reside in Ramelton. Downey offered him £500 per year on the condition that he removed all his tenants from the island to enable him to exploit the rich supplies of kelp. For humanitarian reasons Woodhouse refused the offer. He informed a Select Committee, established by the House of Commons in 1858 to report on Destitution in Gweedore and

I 1884 cheannaigh John Obins Woodhouse, dlíodóir as Baile Átha Cliath, talamh i nDún na nGall agus Toraigh san áireamh. Thosaigh Woodhouse láithreach ag iarraidh na gabháltais a thabhairt le chéile ach chuir na hoileánaigh ina éadan go fíochmhar. Rinne sé athchóiriú ar na paistí beaga áfach agus roinn sé an talamh ina stráicí talaimh ag dul ó thalamh ard go talamh íseal agus iad ag spré amach ó chroí lárnach mar a bheadh fean ann. Rinneadh an socrú seo mar go raibh leisc ar na tionóntaí an córas Rondáil a thréigean.

Rinne na stráicí fada seo cinnte de gur choinnigh acha'n tionónta sciar cothrom d'acmhainní na créafóige agus lig sé do na clocháin mairstean (*Féach léarscáil 6 ar leathanach 30*). Ba réiteach a bhí in iarrachtaí Woodhouse, agus é ag atheagar riartha talún, idir dul chun cinn agus traidisiún.

Ní amháin gur roinn Woodhouse na gabháltais i stráicí ach tharraing sé aníos rialacha nach dtiocfadh le hoidhreacht dhá-thaobhach a bheith ann na sa dóigh is nach dsiocfadh leis na tionóntaí an talamh a roinnt i bpíosaí is lú arís. Ag an am chéanna laghdaigh sé líon na dtionóntaí go tríocha a ceathair (*Féach aguisín 2 ar leathanach 134*) nuair a chuir sé céad oileánach go dtí an tír mór. Ainneoin iarrachtaí Woodhouse theip ar na rialacha úra seo deireadh a chur leis an fhoroinn talaimh nó dhiúltaigh na hoileánaigh an nós oidhreacht dhá-thaobhach a thréigean nó d'amharc siad ar an talamh mar rud a dtiocfadh leo a fhágáil ag páistí ina ndiaidh. Agus mar sin de lean an fhoroinn de na stráicí nuachruthaithe agus mhéadaigh líon na dtionóntaí ó tríocha a ceathair i 1845 go seachtó a haon faoin am a ndearnadh Meastóireacht Griffith i 1857 (*Féach aguisín 3 ar leathanach 135*). Mar mhalairt ar an rud a Raibh Woodhouse ag dréim leis thit méid an mheán-ghabháltais arís agus arís eile i rith an naoú céad déag. I 1857 bhí an meán-ghabháltas thart faoi trí acra go leith agus, faoi dheireadh an chéid, bhi sé díreach os cionn trí acra. Teip ar atheagrú Woodhouse i dToraigh agus ag deireadh an chéid bhí na hoileánaigh i ndiaidh dul siar go dtí córas feirmeoireachta a bhí cosúil leis an seanchóras Rondáil, a d'fhóir go maith do Thoraigh mar a raibh an talamh arúil gann agus an talamh garbh fairsing.

Rinne Woodhouse iarrachtaí éogsúla Toraigh a ligean amach ar cíos nó a dhíol de thairbhe nach nglacfadh na hoileánaigh leis an atheagrú talaimh s'aige. I 1844 fuair sé tairiscint ón Uasal Downey, ceannaí as Glaschú a bháinig a chónaí i Ráth Mealtáin. Thairg Downey £500 sa bhliain ar an choinníoll go gcuirfeadh sé a chuid tionóntaí uilig den oileán sa dóigh go dtiocfadh leis leas a bhaint as an soláthar mór ceilpe. Dhiúltaigh Woodhouse an tairiscint ar chúiseanna daonnachta. Mhínigh sé do Rogh Choiste, a chur Teach na Parlaiminte ar bur i 1858 le tuairisc a chur le chéile faoi Bhochtaineacht i nGaoth Dobhair agus i gCloch Cheann Fhaola, mhínigh sé nár maith leis na hoileánaigh a dhíshealbhú fiú mura raibh sé ag saothrú ach £150 cíosa sa bhliain.[15] Faoi scrúdú ón Rogh Choiste d'admhaigh sé go mbeadh sé ag cuartú méadú de £50 sa bhliain óna chuid tionóntaí mar gheall ar an airgead mhór a bhí siad ag déanamh ó bheith ag díol ceilpe. I 1857, mar shampla, dhíol na hoileánaigh 152 tonna ceilpe ar £902.

Bhí bealach cliste suimiúil ag Woodhouse leis an cíos a chinntiú. Bhí socrú déanta inar thóg an ceannaí ceilpe an cíos nó gur chuidigh sé leis an ghníomhaí i dtógáil an chíosa as airgead na ceilpe. In amanna theip ar an socrú seo. I 1856 cheannaigh an tUasal Séamas Ó Dubhcháin ceilp ach níor chuidigh sé le tógáil an chíosa. Sa chás seo thug Woodhouse cuairt ar an oileán

Cloghaneely, that he did not wish to disturb the islanders by eviction, even though he was only receiving £150 annually from them in rents.[15] Under examination by the Select Committee he did admit that he was seeking an increase of £50 per annum from his tenants on account of the large sums they were earning from the sale of kelp. In 1857, for example, the islanders had sold 152 tons of kelp for £902.

Woodhouse had an interesting and astute arrangement for securing his rent. He had an agreement whereby the purchaser of the kelp collected or gave assistance to his agent in the collection of the rent from kelp monies. On some occasions this arrangement failed. In 1856 Mr James Doughan purchased the kelp but did not assist with the collection of the rent. In the circumstances Woodhouse visited Tory and threatened to seize the following year's kelp harvest if the islanders refused to pay their rents.[16]

After Woodhouse came another landlord Mr St John B Joule, a Manchester businessman, who purchased the island in 1861 for £6,500. Joule was less successful than Woodhouse; he received little in the way of rent from the islanders, and none at all after 1872. In 1883 he published a pamphlet defending himself against accusations of cruelty and indifference to his starving tenants. He suggested the islanders were well off from the sale of lobsters and crabs, and were well able to pay their rents amounting to only £196 per year.[17]

When the Congested Districts Board visited Tory Island in 1903, the inspectors noted that the islanders were still 'in occupation' without paying rent.[18] The Board, constituted with funds from the disestablished Church of Ireland, bought Tory from Mr St John B Joule and made a number of proposals to the island community. Rents were to be abolished and instead the islanders had to pay an annual instalment – much less than the rent – of the market price of the land. When this was paid off the islanders would own their own land (*see Appendix 4 at page 136*). These proposals were welcomed by the islanders, although they were in effect buying back land which their ancestors owned. As part of the deal the Board provided grants for housing and built a new pier and slipway at West Town.

The system of farming on Tory contrasts markedly with the rest of Ireland particularly in relation to the inheritance of land. Throughout Ireland it was the eldest son who inherited the land but on Tory every child, sons and daughters alike, had a right to the land. To be without land was regarded as a disaster. Without at least a 'cow's grass' one had no stake in the island and no place in the social scheme of things; land was equated with security and was jealously regarded.

Although males and females could inherit the land equally, an inspection of the lists of landowners shows a predominance of male owners. The Tithe Applotment Rolls (1830) (*see Appendix 1 at page 133*) show only six of the forty-nine landowners to be female; Mr Woodhouse's List (1845) (*see Appendix 2 at page 134*) details only five out of a total of thirty-four; and the Griffith Valuation of 1857, five out of seventy-one (*see Appendix 3 at page 135*). Robin Fox (1966) attributes this imbalance to a tendency for women to relinquish their claims to the land. Furthermore, the records are not always accurate: land recorded as belonging to a man turns out to have 'come to him' from his wife or a sister.[19]

agus bhagair go dtógfadh sé ceilp na bliana a bhí le teacht mura ndíolfadh na hoileánaigh a gcuid cíosa.[16]

I ndiaidh Woodhouse tháinig tiarna talún eile, an tUasal St John B Joule, fear gnó as Manchain, a cheannaigh an t-oileán i 1861 ar £6,500. Níor éirigh chomh maith céanna le Joule agus a d'éirigh le Woodhouse; is beag cíos a fuair sé ó na hoileánaigh in am ar bith agus ní bhfuair sé rud ar bith i ndiaidh 1872. I 1883 chuir sé bileog i gcló á chosaint féin ar líomhaintí go raibh sé cruálach agus ar nós cuma liom faoina chuid tionóntaí a bhí ag fáil bháis den ocras. Mhaígh sé gur daoine rachmais na hoileánaigh ó bheith ag díol gliomach agus portán agus go raibh siad breá ábalta an cíos a dhíol, nach raibh ach £196 sa bhliain.[17]

Nuair a thug Bord na gCeantracha Cúng cuairt ar Oileán Thoraí i 1903 thug na cigirí faoi deara go raibh oileánaigh i seilbh an talaimh go fóill gan cíos a dhíol.[18] Cheannaigh an Bord Toraigh ón Uasal St John B Joule le hairgead ó Eaglais dhíbhunaithe na hÉireann agus chuir siad cúpla moladh os comhair phobal an oileáin. Dhéanfaí ar shiúl le cíos agus ina áit dhíolfadh na hoileánaigh glasíocaíocht bhliantúil – a bheadh i bhfad níos lú ná an cíos – de luach margaidh an talaimh. Nuair a bheadh seo díolta suas bheadh an t-oileán acu féin (*Féach Aguisín 4 ar leathanach 136*). Cuireadh fáilte roimh na moltaí seo bíodh is go raibh siad i bhfírinne ag ceannach thalamh a sinsir. Mar chuid den socrú thug an Bord deontais faoi choinne tithíochta agus le cé agus sleamhnán a thógáil ar an Bhaile Thiar.

Tá an córas feirmeoireachta i dToraigh iontach difriúil ón chuid eile d'Éirinn go háirithe ó thaobh oidhreachta talaimh de. Fríd Éirinn uilig ba é an chéad mhac a gheobhadh an talamh ach i dToraigh bhí éileamh ag achan mhac agus iníon ar an talamh.

Kelp
Ceilp

Tubaiste a bheadh ann a bheith gan talamh. Mura raibh ar a laghad 'féar bólachta' agat ní raibh a dhath ar bith i ngeall agat san oileán ná ní raibh áit ar bith agat i scéim shóisialta na háite; b'ionann talamh agus neamhbhaol agus choimeádtaí go cúramach é.

Bíodh is go dtiocfadh le stócaigh agus girseacha talamh a fháil ó oidhreacht mar an gcéanna, is léir ó staidéar ar na liostaí sealbhóirí gur fir is mó a bhí ann. Taispeánann na Tithe Applotment Rolls (1830) (*Féach Aguisín 1 ar leathanach 133*) nach raibh ach seisear ban amach as naoi sealbhóir is daichead ann; ar liosta an Uasal Woodhouse (*Féach Aguisín 2 ar leathanach 134*) níl ann ach cúigear as tríocha is a ceathair; agus i Meastóireacht Griffith i 1857 bhí cúigear ban as seachtó is a haon (*Féach Aguisín 3 ar leathanach 135*). Cuireann Robin Fox seo síos den nós a bhí ag mná a n-éileamh ar an talamh a thabhairt suas. Chomh maith leis sin ní bhíonn na cuntais beacht i gcónaí: tarlaíonn sé go mbíonn talamh atá thíos in ainm fir i ndiaidh teacht chuige óna bhean chéile nó óna dheirfiúr.[19]

Farming

Throughout the nineteenth century the average amount of land cultivated was about two acres, half under potatoes and half under grain. The potato types were chosen for their high yield rather than for their quality. Aran Banner potatoes were especially popular as they gave good yields considering that the only rotation was from potatoes to grain, and the only manure was dried seaweed. Cultivation was undertaken by spade labour, although use was made of wooden ploughs and harrows.

Despite a dependence on potatoes the islanders were spared the deprivation caused by the recurrent potato disease on the mainland – even during the Potato Famine (1845-1848) the island was not affected by potato blight. The distance of Tory from the mainland and the direction of the prevailing winds prevented the spores from reaching the island, thus sparing the community from the blight and consequent famine.[20]

The potatoes were grown in raised beds known as lazy-beds. These were fashioned mainly by spade and shovel but on some occasions by the plough. The raised beds were not dug over, thus the name lazy- bed. The soil from the intervening spaces between beds was heaped on top of the ridge. Estyn Evans (1942) points out the advantage of lazy-beds in an Atlantic environment; not only is the potato bed raised above the water level, but the trench serves as a drainage channel.[21]

The main grain crops were oats, rye and barley. Oats were especially favoured as a high-yield crop for animal fodder. A good deal of rye was planted as the straw was used for thatching. The substitution of slated roofs for thatched ones, at the beginning of the twentieth century, led to the demise of rye. Barley occupied a considerable percentage of the tilled land, even as recently as 1960 when up to a quarter of the land was devoted to this crop. The islanders insisted that it was fed to their chickens and livestock, but it was put to more interesting uses such as the distillation of poteen. Getty observed in 1845 that great quantities of this grain were being used in poteen making, a long established and lucrative industry.[22] Towards the end of the century (1896) so great was the demand of the poteen industry that barley had become the principal grain crop – the proportion of barley to oats and rye being about three to one. The exacting demands of the poteen makers for fuel helps to explain the depletion of the Tory bogs, and by 1896 the islanders were having to dig their peat on the Bloody Foreland.

Island poteen was renowned for its quality and much sought after when it was landed on the mainland. The first drop from a new poteen still was always dedicated to the fairies according to the late Patrick Óg Rodgers. It was frequently thrown on the hearth causing a flame and a puff of white smoke to go up the chimney. This was a signal for everyone in the clachan to sample the latest brew.

Great care had to be taken not to enrage the fairies as exemplified by the story of the Tory man who bought a bottle of poteen on the mainland. On his trip back to the island he was advised to throw some of the poteen in the sea for the fairies. He refused to do so and immediately the bottle fell out of his hands and smashed on the deck.

Constables from the Royal Irish Constabulary were frequent visitors to Tory in search of illicit stills. These raids were rarely successful as the islanders had ample warning of approaching

Feirmeoireacht

I rith an naoú céad déag ba é thart ar dhá acra an meánmhéid talaimh a bhí curtha, a leath faoi phrátaí agus an leath eile faoi arbhar.

Roghnaíodh na cineálacha prátaí ar an mhéid a thug siad seachas ar an chaighdeán. Bhíodh 'Aran Banners' go mór in úsáid mar go dtabharfadh siad barr maith nuair a chuirtear sa chuntas nach raibh i gceist san uainíocht ach ó phrátaí go harbhar, agus gur leathach triomaithe an t-aon leasú amháin a bhíodh acu. Thugtaí faoin talamh a oibriú le spád bíodh is go mbaintí úsáid as céachtaí agus cliatha fuirste adhmaid.

Ainneoin go raibh siad ag brath ar phrátaí bhí na hoileánaigh saor ón ghanntanas a tharla mar thoradh ar aicíd mhinic na bprátaí a bhíodh ar an tír mór – fiú le linn an Ocrais Mhóir (1845-1848) níor chuir dúchan na bprátaí isteach ar an oileán. D'fhág an fad idir Toraigh agus an tír mór agus aird na ngnáthghaoithe nach dtáinig spóir a fhad leis an oileán, agus ar an ábhar sin níor bhain dúchan, ná an t-ocras mór a tháinig dá bharr, an pobal amach.[20]

Cuireadh prátaí in iomairí a dtugtaí 'Leapacha Falsa' orthu. Dhéantaí iad de ghnáth le spád agus sluasaid ach bhaintí úsáid as céachta ó am go chéile. Níor oibríodh an talamh agus sin mar a fuair siad an t-ainm 'Leapacha Falsa'. Chuirtí an chréafóg ó na spásanna idir na hiomairí ina mullach. Díríonn Estyn Evans (1942) aird ar na buntáistí a bhaineann le 'leapacha falsa' i dtimpeallacht an Atlantaigh; ní amháin go bhfuil an t-iomaire prátaí os cionn leibhéal an uisce ach oibríonn an chlais mar dhíog dhraenála.[21]

Ba iad coirce, seagal agus eorna na harbhair ba choitianta. Chuirtí coirce go minic mar go dtabharfadh sé barr maith faoi choinne bia do na hainmhithe. Chuirtí cuid mhór seagail nó bhaintí úsáid as an chochán faoi choinne tuí. Nuair a ghlac sclátaí áit na tuí ag tús an fhichiú aois rinneadh dearmad den seagal. Chuirtí eorna ar chuid mhaith den talamh curaíochta, fiú go dtí 1960 nuair a bhí an ceathrú cuid den talamh faoi

Raised beds, known as 'lazy-beds'

Iomairí, tógtha ar a dtugtaí 'leapacha falsa'.

eorna. Dhearbhaigh na hoileánaigh gur do na cearca agus don eallach a bhí sé, ach cuireadh chuig úsáidí níos suimiúla í ar nós déanamh an phoitín. Thug Getty faoi deara i 1845 go rabhthas ag baint úsáide as cuid mhór eorna i ndéanamh an phoitín, tionscal daingeansuite agus brabúsach.[22] Ag tarraingt ar dheireadh an chéid (1896) bhí an oiread ráchairte ar an phoitín is go raibh an eorna ar an phríomharbhar- bhí trí oiread eorna ann is a bhí de choirce agus de sheagal le chéile. Leis an mhéid breosla a bhí de dhíth ar lucht déanta an phoitín ní hiontas ar bith é go dtug portach

trouble. Bonfires were lit on a hill on the mainland as a signal to the islanders that the Guards were on their way. On receiving the warning they rowed their boats to the north of the island and hid their stills in creeks and caves until the Guards had departed.

A donkey hobbled to restrict its movement

Asal agus laincís air: 'Is fearr a bheith corr ná a bheith ceangailte.'

On one occasion Paddy Hegarty, the King of the island, made an agreement with the Guards to act as an informant. When they saw a light in the upper room of his home at East Town this would be a sign that poteen was being made on Tory. Many of the islanders were arrested before they discovered the identity of the informant. Shortly afterwards Paddy abdicated and moved to live on Rathlin Island.[23]

The fairies also helped to restrict the manufacture of poteen. They frequently appeared when poteen was being distilled, and many poteen makers were so terrified that they never practised their art again.

During the latter part of the nineteenth century, the island supported over 200 sheep (see Table 1 on page 26), which were cared for by a shepherd boy who often came from the mainland, and was accommodated for a period by each of the sheep-owners.[24]

A huge enclosure was built by the islanders between Loch an Deas and the sea as a sheepfold (mhainnir). Its stone walls, over six feet in height, were constructed in the second half of the nineteenth century by the sheep owners of West Town, who worked together on the project every Sunday afternoon after Mass. The sheep at the East End required no such elaborate construction. The sheep were herded by a boy on to the Tor Mor and a plank was thrown across the narrow entrance to the promontory.[25] But it was a man who minded the cattle; he was responsible for counting them and reporting any injuries and mishaps to the owners. In return, he received a free house and some ground in the infield. His house, located near Port Doon, provided the only example of dispersed settlement on the island's landscape.

The donkey, which one might suppose to be long-established, was hardly known on Tory during the nineteenth century. Until recent times, the horse was the draught animal as it was necessary to have a strong animal for carrying kelp on a slide cart, which had no wheels. The cart slid along the ground on iron runners

Thoraí suas agus faoi 1896 bhí ar na hoileánaigh a gcuid móna a bhaint ag Cnoc Fola.

Bhí clú ar phoitín an oileáin gur stuif den scoth a bhí ann agus bhíodh ráchairt mhór air nuair a tugadh amach go tír mór é. Thiomnaíodh an chéad deoir as stil nua poitín chuig na síoga de réir Phádraig Óig Mhic Ruairí nach maireann. Chaití go minic sa teallach é agus chuireadh sin amach bladhaire agus smailc toite suas an simléar. Ba chomhartha seo do mhuintir an chlocháin teacht agus an ghrúdaireacht is úire a bhlaiseadh.

Chaitheadh daoine a bheith iontach cúramach gan olc a chur ar na síoga mar a léiríonn an scéal faoi fhear Thoraí a cheannaigh buidéal poitín ar an tír mór. Ar an turas isteach arís moladh dó braon a chaitheamh san fharraige do na síoga. Dhiúltaigh sé seo a dhéanamh agus láithreach bonn thit an buidéal amach as a lámha agus bhris ina smidiríní ar an deic.

Thagadh constáblaí de chuid Constáblacht Ríoga na hÉireann ar cuairt go Toraigh go minic ag cuartú stileanna neamhcheadaithe. Is annamh a d'éireodh leis na ruathair seo nó bheadh rabhadh roimh ré ag na hoileánaigh go raibh trioblóid ar an bhealach. Lastaí tinte cnámh ar chnoic ar an tír mór mar chomhartha do na hoileánaigh go raibh na Gardaí ar an bhealach. Chomh luath agus a gheobhadh na hoileánaigh an rabhadh, d'iomródh siad na báid go dtí an taobh ó thuaidh den oileán leis na stileanna a chur i bhfolach sna góilíní agus sna huaimheanna go n-imeodh na Gardaí arís.

Ar ócáid amháin rinne Pádaí Ó hOireachtaigh, Rí an oileáin, socrú leis na Gardaí a bheith ina fhaisnéiseoir. Nuair a d'fheicfidís solas sa seomra uachtarach ina theach ar an Bhaile Thoir, bheadh a fhios acu go raibh poitín á dhéanamh i dToraigh. Gabhadh go leor de na hoileánaigh sula bhfuair siad amach cé a bhí ag déanamh scéil orthu. Go gairid ina dhiaidh sin thug Pádaí suas an post agus bhog sé go hOileán Reachlainn.[23]

Chuidigh na síoga le srian a chur le déanamh an phoitín fosta. Go minic nocht siad san áit a mbíodh daoine ag déanamh an phoitín agus bhainfeadh siad an oiread sin de gheit as lucht déanta an phoitín is nach gcleachtaidís a n-ealaín níos mó.

I rith an dara leath den naoú céad déag bhí níos mó ná 200 caora ar an oileán (*Féach Tábla 1 ar leathanach 27*) agus stócach óg ina thréadaí orthu; go minic thagadh an stócach isteach ón tír mór agus d'fhanadh sé tamall le achan duine de na húinéirí caorach.[24]

Thóg na hoileánaigh fál ollmhór idir Loch ó Dheas agus an Fharraige mar mhainnir. Tógadh na ballaí cloiche, os cionn sé throigh ar airde, sa dara leath den naoú céad déag ag úinéirí caorach an Bhaile Thiar, a d'oibrigh le chéile ar an tionscnamh achan Domhnach i ndiaidh am Aifrinn. Ní raibh fál den chineál sin de dhíth do na caoirigh ar an Bhaile Thoir. Sheoladh tréadaí na caoirigh anonn ar an dún agus chaití clár adhmaid trasna an chasáin chaoil go dtí an ceann tíre.[25] Ach fear a bhíodh ag buachailleacht an eallaigh; bhíodh sé freagrach as iad a chuntas agus tuairisc a thabhairt do an húinéirí ar ghortú nó ar thaisme ar bith. Ina chúiteamh sin bhíodh teach saor ó chíos aige agus talamh éigin sa gharpháirc. Ba é a theach siúd, suite gar do Phort an Dúin, an t-aon sampla amháin de lonnaíocht scaipthe ar thírdhreach an oileáin é.

Bíodh is go sílfeadh duine go raibh an t-asal i gcónaí ann is beag iomrá a bhí ar an asal i dToraigh le linn an naoú céad déag. Go dtí ar na mallaibh, ba é an capall an t-ainmhí tarraingthe mar go raibh ainmhí láidir de dhíth leis an cheilp a iompar ar

projecting from the rear. Donkeys were of little use as they had not the strength to pull large loads on slide cars. With the decline of kelp gathering, and the replacement of the heavy slide car with the light cart in the nineteenth century, donkeys became more numerous and horses and ponies decreased in numbers. The islanders continued to keep horses until recent years as a mark of social standing rather than for economic reasons.

During the twentieth century the donkey was to become the chief means of transport; each household possessed at least one. As two donkeys were required to pull the plough, families often lent their donkey in return for a like-service.

Table 1 Tory Island Animals

Animals	Total Number in 1896	1959	1995
Sheep	220	31	50
Pigs	0	0	0
Cattle	90	111	5
Horses, Ponies	45	9	0
Donkeys	8	62	5
Ducks, Fowl	663	1880	660

Most households had at least one cow to provide milk and butter. Some households derived a small income from the sale of milk but most families gave away their surplus to friends. The important role played by the cow is emphasised by the fact that the area of land owned by each man is reckoned according to the number of cows it can support: Féar bó – the grass of a cow – is the equivalent of half an acre.[26] The islanders exported calves surplus to their requirement to the mainland. Their transportation to the mainland proved difficult: first the calf had to be forced on board a currach or a half-decker, next it had to be thrown on its side, and lastly it was secured to the side of the vessel.

According to Mary McClafferty life without a cow was difficult. When Mary married in 1935 she couldn't afford a cow until her mother gave her one as a gift. Mary claims that had it not been for the sale of calves she would not have been able to buy clothes and shoes for her children.

Most animals remained outdoors during the winter months as temperatures were sufficiently high and few buildings were available for stall feeding. As only a limited amount of hay was cut during the summer, the animals were allowed pasturage in the infields from Hallowe'en to St Patrick's Day. In the lambing season, the sheep were taken at night into the 'craw' which is a low, circular, dry-stone building with a canvas roof for additional protection. Similar corbelled structures were used as hen houses. When these houses were constructed early in the nineteenth century it was particularly important that they were positioned at a distance from the infields so that the chickens would do no damage to the crops. It was possible to locate the hen houses at a distance from the clachans on Tory as there were no foxes on the island. Although chickens no longer pose a threat to crops, the islanders still keep them in remote huts and travel a considerable distance daily to gather eggs.

The search for a fuel supply presented a special threat to farming. As the local peat resources were almost completely exhausted by the end of the nineteenth century the islanders, in their desperate search for fuel, burnt the very sods from their common pasture lands. With the destruction of so much pasturage, animals had to be tethered in the infields thus reducing the amount of land

an charr sleamhnaithe nach raibh rotha faoi. Shleamhnaigh an carr ar bhonnaí iarainn a bhí greamaithe den deireadh. Ní raibh mórán maithe san asal nach mbeadh ábalta ualaí móra ar an charr sleamhnaithe a tharraingt. Nuair a laghdaigh ar chruinniú na ceilpe agus nuair a tugadh carr éadrom isteach in áit an chairr sleamhnaithe throm, mhéadaigh líon na n-asal agus thit líon na gcapall agus na ngearrchapall. Choinnigh na hoileánaigh capaill go dtí ar na mallaibh a mar chomhartha rachmais seachas faoi choinne fáthanna eacnamaíochta.

I rith an fhichiú aois d'éireodh an asal ina phríomhchóras iompair; bhíodh ar a laghad asal amháin ag achan teaghlach. Ó tharla go raibh dhá asal de dhíth le céachta a tharraingt, bheireadh teaghlaigh asal ar iasacht go minic agus gheobhadh siad féin asal ar an dóigh chéanna.

Ainmhithe	Líon i		
	1896	1959	1995
Caoirigh	220	31	50
Muca	0	0	0
Eallach	90	111	5
Capall, Gearrchapall	45	9	0
Asail	8	62	5
Lachan, Éanlaith	663	1880	660

Bhíodh ar a laghad bó amháin ag bunús na dteaghlach a thálfadh bainne agus im. Bhí corrtheaghlach ag díol bainne ach bhéarfadh an chuid is mó acu an fuílleach do chairde. Is léir go raibh an bhó iontach tábhachtach nó tomhaistear achar thalamh duine de réir líon na mbó a chothódh sé: is ionann Féar bó – féar a chothóidh bó amháin – agus leathacra. Dhíoladh na hoileánaigh na gamhna nach raibh de dhíth orthu ar an tír mór.[26] Bhí sé deacair iad a thabhairt amach chun go tír mór: ar dtús chaití an gamhain a chur isteach i gcurach nó i leathbhád, ansin chaití síos lorg na taoibhe é, agus ansin cheanglaítí le taobh an bháid é.

Dar le Máire Mhic Láiféartaigh go raibh saol iontach crua gan bó a bheith agat. Pósadh Máire i 1935 agus ní raibh luach bó aici ach go dtug a máthair ceann di mar bhronntanas. Deir Máire murach díolachán na ngamhna nach mbeadh sí ábalta éadach ná bróga a cheannach don chlann.

Amuigh a bhíodh an chuid is mó de na hainmhithe i rith an gheimhridh nó bhí teocht ard go leor ann agus ní raibh mórán foirgneamh ar fáil le bia a thabhairt dóibh i mainséar. De thairbhe nach mbaintí ach méid áirithe féir sa samhradh bhíodh na hainmhithe ar féarach sna garpháirceanna ó Shamhain gó Lá 'Le Pádraig. Nuair a bhíodh uain ag teacht ar an saol bheirtí na caoirigh isteach sa chró san oíche, foirgneamh íseal cruinn cloiche a mbíodh díon canbháis air mar chosaint bhreise. Baintí úsáid as foirgnimh eile coirbéalta mar chróite cearc. Nuair a tógadh na cróite seo go luath sa naoú céad déag bhí sé thar a bheith tábhachtach go raibh siad suite ar shiúl ó na garpháirceanna sa dóigh nach dtiocfadh leis na cearca dochar ar bith a dhéanamh do na barra. Bhí se sábháilte go leor na cróite seo a chur giota measartha ó na clocháin mar nach raibh madaí rua ar bith ar an oileán. Bíodh is nach bagairt ar bith do na barra níos mó iad, coinníonn na hoileánaigh na cearca go fóill sna cróite scoite seo agus bíonn measarthacht le siúl acu gach lá leis na huibheacha a chruinniú.

Chuir an gá le foinse bhreosla a aimsiú an fheirmeoireacht i mbaol. Ó tharla go raibh an portach chóir a bheith bainte uilig

Tábla 1
Oileán Thoraí
Ainmhithe

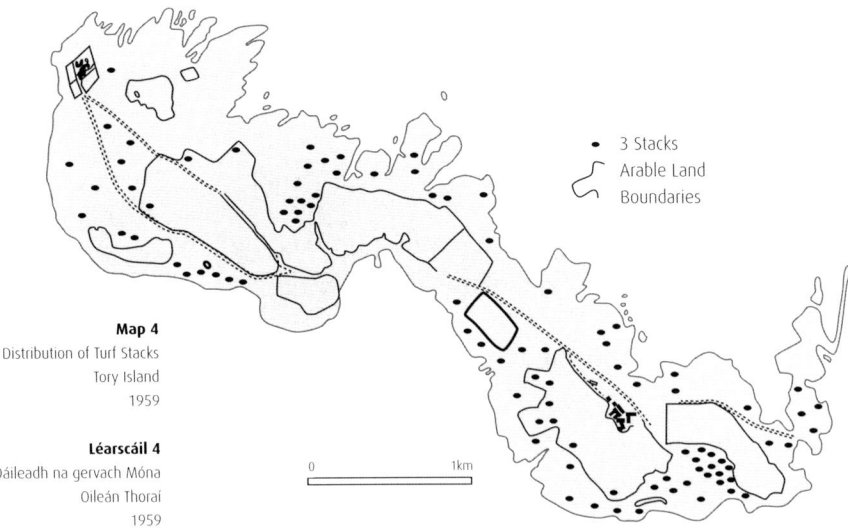

Map 4
Distribution of Turf Stacks
Tory Island
1959

Léarscáil 4
Dáileadh na gervach Móna
Oileán Thorai
1959

Right
Table 2
Tory Island Crops
1959

were carefully combined with wood to produce fine harrows and grubbers. Their crops were cut by sickle and scythe and threshed with a flail which consisted of two sticks fastened together with a leather thong. Considerable skill is required to use the flail if one is to avoid the swinging end. The grain, when separated, was cleaned with a circular riddle known as a 'wight'. It was made from sheepskin after the wool had been removed by steeping it in a lime solution. Each skin was stretched on a round frame, dried in the sun, and had holes punched in it with a red hot wire or poker.

Much energy was still being devoted to farming in the middle of the twentieth century, and in 1959, ninety-five acres of oats, barley and potatoes were being grown. (*see Table 2 below*)

available for cultivation. Turf gathering also encroached upon the arable land, particularly in the areas to the west of East Town and West Town (*see Map 4 above*). Bogs purchased on the Bloody Foreland by the Government did little to alleviate the situation. In 1958 only fifty tons of turf were brought to Tory. However the arrival of Calor gas did help to slow down the rate at which the arable land was being reduced, and the introduction of electricity and oil-fired heating in recent decades has all but eliminated turf as a source of fuel.

Until recent years the islanders continued to till their soil with primitive though effective equipment. Their plough, composed of wood and shod with iron retrieved from wrecks, was better suited to the thin light soils than the heavier iron plough. In the manufacture of their agricultural implements the Tory farmers used all available materials; even iron bolts from sunken ships

Crops	Total Acreage
Oats	35
Barley	17
Potatoes	43
Area Cultivated	95

Over the past forty years the acreage tilled has declined dramatically; lack of labour is undoubtedly a factor in its demise as emigration has left Tory with a reduced workforce. The introduction of the tractor temporarily helped to ease this problem, but the area under the plough has continued to decrease until at present only a few strips of land are cultivated (*see Maps 7 and 8 on page 31*). The once intensively cultivated infields have become neglected and only small quantities of potatoes, vegetables and oats are grown. The arable land is now largely

faoi dheireadh an naoú céad déag dhóigh na hoileánaigh na scraitheanna féin ón choimíneacht sa dianchuardach ar bhreosla a bhí acu. Nuair a scriosadh an oiread sin talaimh féaraigh bhí orthu na hainmhithe a cheangal sna garpháirceanna agus bhain sin den mhéid talamh churaíochta a bhí ar fáil. Bhris baint na móna isteach ar thalamh arúil fosta go háirithe taobh thiar den Bhaile Thoir agus ar an Bhaile Thiar (*Féach Léarscáil 4 ar leathanach 28*). Ba bheag an cuidiú an portach a cheannaigh an Rialtas ag Cnoc Fola. I 1958 níor tugadh ach caoga tonna móna isteach go Toraigh. Ach nuair a tugadh isteach gás Calor laghdaigh scrios an talaimh churaíochta, agus ó tugadh isteach leictreachas agus téamh ola, le blianta beaga anuas, is ar éigean a bhaintear úsáid as móin mar bhreosla.

Go dtí le gairid bhíodh na hoileánaigh ag rómhar le trealamh a bhí bunúsach ach éifeachtach. Bhí an céachta déanta as adhmad le bianna as iarann ó shoithí briste níos fóirsteanaí ná an céachta trom iarainn don chréafóg éadrom thanaí. Agus iad ag déanamh gléasanna feirmeoireachta bhaineadh feirmeoirí Thoraí úsáid as cibé ábhar a bhí ar fáil; cuireadh boltaí iarann ó shoithí briste agus adhmad le chéile go cúramach le cliatha fuirste agus le grafáin bhreátha a dhéanamh. Ghearrtaí na barra le corrán agus speal agus bhuailtí le súiste iad a rinneadh as dhá bhata ceangailte le chéile le hiall leathair. Tá scil nach beag ag baint le súiste a úsáid agus an taobh luascach a sheachaint. Ghlantaí an t-arbhar, an uair amháin a bhí sé scagtha, le rilleán cruinn a dtugtaí 'wight' air. Rinneadh as craiceann caorach é i ndiaidh é a chur ar maos i dtuaslagán aoil leis an olla a bhaint de. Síneadh an craiceann thart ar fhráma cruinn, ligeadh dó triomú faoin ghrian agus cuireadh poill ann le sreang nó le priocaire deargthe.

Map 5
West Town
Land utilisation
1959

Léarscáil 5
An baile Thiar
Úsáid Talaimh
1959

Bhí feirmeoireacht dhúthrachtach ag dul ar aghaidh go fóill i lár an fichiú haois, agus i 1959 bhí cúig acra is nócha de choirce, d'eorna agus de phrátaí ag fás (*Féach Tábla 2*).

Barra	Líon Acra
Coirce	35
Eorna	17
Prátaí	43
Talamh curtha	95

Tábla 2
Oileán Thoraí
Barra 1959

Le ceathracha bliain anuas thit líon na n-acraí curaíochta go sonraíoch; ganntanas oibrithe ceann de na cúiseanna gan amhras nó d'fhág an imirce Toraigh le meitheal bheag oibre. Chuidigh an tarracóir leis an deacracht seo a leigheas ar feadh tamaill, ach laghdaigh an méid talaimh atá faoin chéachta agus an lá atá inniu ann níl ach cúpla stráice curtha (*Féach Léarscáileanna 7 agus 8 ar leathanach 31*).

Considerable skill is required to use the flail

An súiste: Is námhaid an cheird gan í a fhoghlaim.

devoted to pasturage, and fences have everywhere appeared in the infields to restrict the movement of animals. It is ironic that the livestock population has also gone into decline. In 1995 there were only five cows and five donkeys on the island, although fifty sheep were reared which attracted EC subsidies (*see Table 1 on page 26*). The islanders have expressed concern that increasing numbers of sheep may lead to overgrazing and subsequent soil erosion. Sheep are also difficult to confine and have overrun the few remaining crops in the infields.

With the decline of agriculture Tory has become increasingly dependent on the mainland for its existence. The potatoes, vegetables, milk and butter, which their self-sufficient economy once supplied, are now imported from Magheraroarty.

Potatoes
Oats
Barley
Rotation Grass
Rough Grass

Map 6
East Town Land utilisation
1959

Léarscáil 6
An Baile Thoir Úsáid Talaimh
1959

0   5km

30   THE WAVES OF TORY

Tá na garpháirceanna a d'oibrítí go dícheallach anois ligthe chun báin agus ní chuirtear ach paistí beaga prátaí agus glasraí agus coirce. Talamh féaraigh atá sa chuid is mó den talamh arúil agus tá fála sreinge achan áit sna garpháirceanna leis na hainmhithe a choinneáil in áit amháin. Tá sé íorónta go bhfuil líon na n-ainmhithe ag titim chomh maith. I 1995 ní raibh ach cúig bhó agus cúig asal ar an oileán, bíodh is go raibh caoga caora a tharraing fóirdheontais ón Eoraip (*Féach Tábla 1 ar leathanach 27*). Tá na hoileánaigh buartha go mbeidh ró-innilt agus creimeadh créafóige ann mar thoradh ar mhéadú líon na gcaorach. Tá sé deacair caoirigh a choinneáil i bhfál agus amanna téann siad isteach ar na cúpla paiste atá curtha sna garpháirceanna.

Le meath na feirmeoireachta tá Toraigh ag bráth níos mó agus níos mó ar an tír mór le maireachtáil. Bheirtear na prátaí, na glasraí, an bainne agus an t-im, a sholáthair a gcóras neamhspleách eacnamaíochta tráth, bheirtear isteach as Machaire Rabhartaigh iad sa lá atá inniu ann.

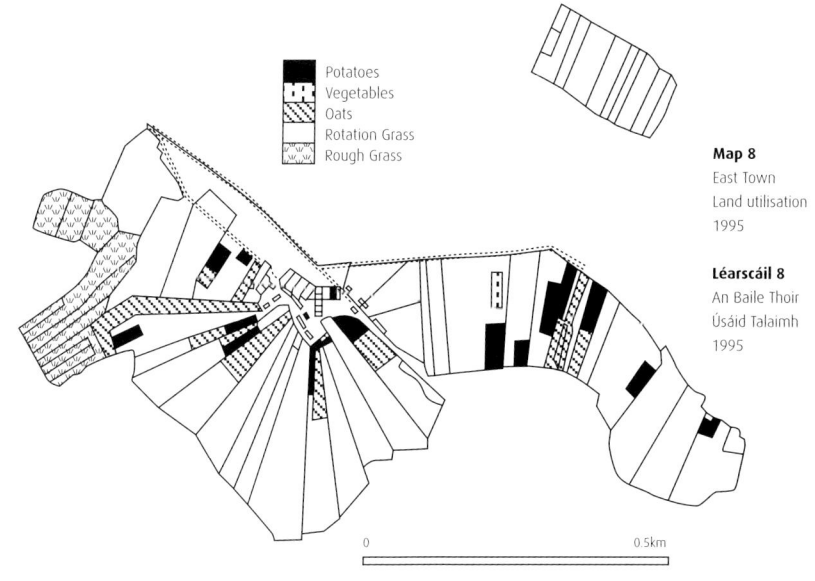

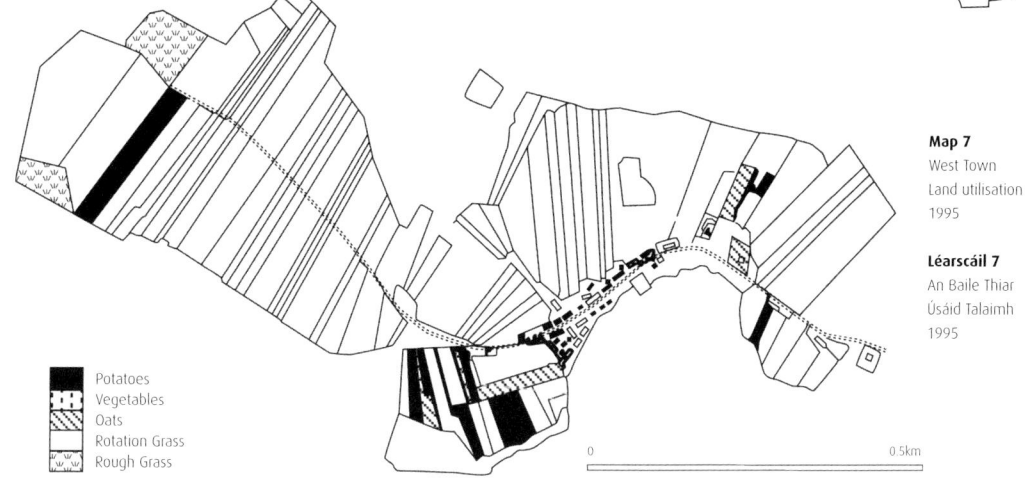

Map 8
East Town
Land utilisation
1995

Léarscáil 8
An Baile Thoir
Úsáid Talaimh
1995

Map 7
West Town
Land utilisation
1995

Léarscáil 7
An Baile Thiar
Úsáid Talaimh
1995

TONNTA THORAÍ

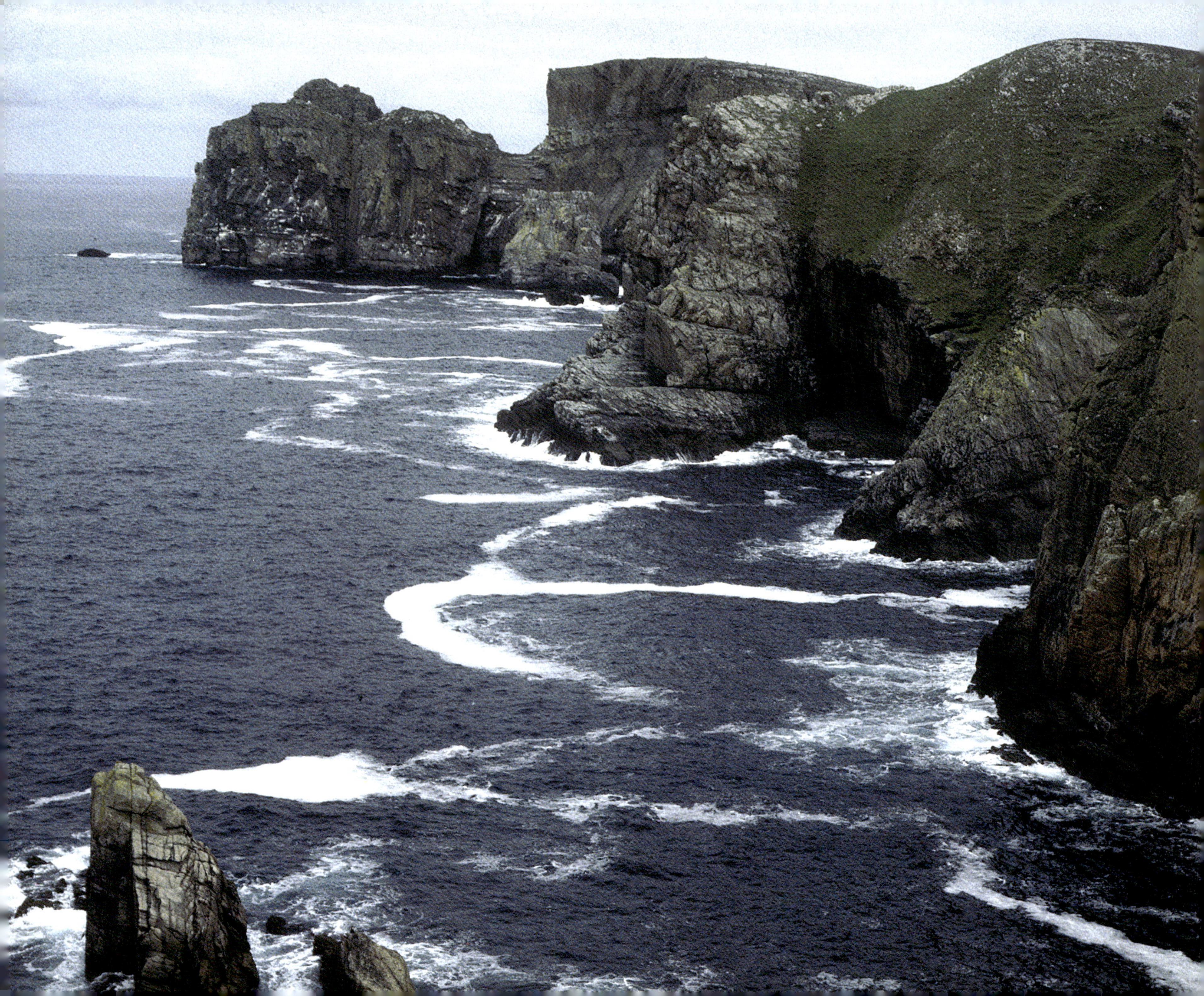

The Sea
An Fharraige

The dramatic northern coastline
Cósta fairsing fiáin an tuaiscirt

The T-cross

An T-chros

The heavy seas which range in from the Atlantic and the powerful Tory current sweeping along the southern coast are responsible for the island's tenuous ties with the mainland; when these are severed, the islanders have often to accustom themselves to long periods of complete isolation. During the winter of 1974, a seemingly never-ending storm isolated the island for almost eight weeks and every form of communication was cut off. After this terrible storm, twenty-four families applied for mainland housing; although several families withdrew their applications, ten families eventually moved to Falcarragh. This was Tory's darkest hour, when its very existence was threatened not only by the elements but more so by the authorities who were encouraging the entire community to move to the mainland.

The long wet and tempestuous winters have a very pervasive influence on the activities and attitudes of the islanders. Life on Tory cannot be fully understood without a realisation of the isolation and physical dangers associated with winter. One elderly islander says that he never spends a winter on Tory; he lives in his house in Falcarragh until May, and then moves to Tory to experience the magic of his island home in summer. There are some islanders who prefer the winter and claim that the community is stronger at this season; there are fewer visitors and the islanders have to create their own entertainment.

Storms provide a recurring theme in early travellers' tales. Otway (1826) describes a hurricane from the north that blew a salty spray over the island burning everything with which it came in contact.[27] According to Otway the hurricane drove the waves over the highest cliffs, washing the potatoes and corn out of the flatter land to the south. During the twentieth century a small cemetery alongside the Round Tower was washed away in a storm.

Griánne and Patrick Doohan tell of a storm, in more recent times, which broke down the two doors of their home at West Town. The sea rushed into their bedroom and when they got out of bed they were knee-deep in water. When the waters eventually receded their room was full of seaweed and gravel.

These same seas made it difficult for Tory to obtain the services of priests and doctors. Stories have been told of priests attempting unsuccessfully to access the island for Sunday Mass. On these occasions the priest, at the appointed hour, said Mass at the pier on the mainland at Magheraroarty whilst the island community gathered round the T-cross or the Round Tower on Tory. Mass was celebrated across the waves as if by telepathy.

Is iad an fharraige chraosach a thig isteach ón Atlantach agus an sruth láidir ar an taobh ó dheas de Thoraigh is cúis leis na ceangail fhánacha atá idir Toraigh agus an tír mór; nuair a bhristear iad caithfidh na hoileánaigh éirí cleachta le tréimhsí fada aonarachais. I rith an gheimhridh i 1974 bhí an t-oileán gearrtha ar shiúl ar feadh ocht seachtaine agus achan mheán cumarsáide briste de thairbhe stoirme a raibh an chuma uirthi nach dtiocfadh deireadh go brách léi. I ndiaidh na stoirme uafásaí seo chuir ceithre theaghlach is fiche isteach iarratais faoi choinne tithe ar an tír mór; bíodh is gur tharraing go leor acu siar na hiarratais arís bhog deich dteaghlach amach go dtí an Fál Carrach sa deireadh. Ba é seo an t-am ba mheasa i dToraigh, nuair a bhí bagairt á déanamh ar an phobal ní amháin ag na heilimintí ach níos mó ag na húdaráis a bhí ag moladh don phobal uilig bogadh amach go dtí an tír.

Téann na geimhrí fada stoirmiúla i bhfeidhm go mór ar ghníomhaíochtaí agus ar dhearcadh na n-oileánach. Ní féidir an saol ar Thoraigh a thuigbheáil i gceart gan ciall a bheith agat don aonarachas agus do na contúirtí fisiciúla a bhaineann leis an gheimhreadh. Deir seanoileánach amháin nach gcaitheann sé an geimhreadh istigh i dToraigh in am ar bith; cónaíonn sé ina theach ar an Fhál Charrach go Bealtaine agus ansin téann sé isteach go Toraigh le sult a bhaint as draíocht an tsamhraidh ar a oileán dúchais. Tá oileánaigh ann a deir gurbh fhearr leo an geimhreadh agus maíonn siad go bhfuil an pobal níos láidre sa séasúr seo; níl an oiread sin cuairteoirí ann agus caithfidh na hoileánaigh a gcuid caitheamh aimsire féin a chruthú.

Bhíodh stoirmeacha mar ábhar choitianta i seanscéalta taistealaithe. Déanann Otway (1826) cur síos ar roiseanna móra

St Colmcille's crater
Log Choim Cille

The Arrival of St Colmcille
by Anton Meenan

Teacht N. Colm Cille
le Anton Ó Mianáin

Marriages were also performed in a similar fashion when the priest couldn't travel to the island. Paddy Kelly of Falcarragh tells of a nuptial mass being said by the priest on Horn Head, with the couple on Tory being informed of the progress of the marriage ceremony by light signals.

The sea features prominently in Tory's history. The Mythological Cycle of Ireland tells of the arrival by sea of a series of invaders such as the Fomorians, Partholans, Nemedians, Firbolgs, Milesians and Danaans. It was the sea that brought Celtic Christianity to Tory.[28] Three saints, Begley, Finian and Colmcille, vied with each other to establish a church on the island. All three climbed to the top of Cnoc na Naomh (Hill of the Saints), but some say it was to the summit of Muckish, where it was decided that each would throw his staff in the direction of Tory; the one whose staff reached the island would go there and fulfil his wish. Begley and Finian threw their staffs, praying that with their strength and God's help, it would reach the island. Colmcille gave God precedence and prayed that with God's help and his own strength his staff would go to Tory. His staff flew swiftly through the air and landed on the island creating a huge crater about seventy feet deep.[29] Another story claims that his staff hit the cliffs along the north-west coast leaving a small indentation. Tradition has it that Colmcille made his way to Tory by currach and came ashore at Port an Ghlasáin. An alternative version of his arrival on Tory suggests that the seas parted and he walked across on dry land to the island.

The islanders view the ocean with awe. A beneficent sea could give an abundance of fish and enhance communications with the mainland; an angry sea could threaten lives and wreck their currachs. It was important, therefore, to placate the spirits of the sea. It was customary for fishermen to sprinkle turbulent seas with poteen to calm the waves. It was also common practice to sprinkle poteen whilst passing Horn Head on their way to Downings with a valuable catch. An offering of poteen ensured a safe passage past a haunt of the fairies.

gaoithe aduaidh a spréigh cáitheadh sáile thart ar an oileán ag dó rud ar bith ar thit sé air.[27] De réir Otway thiomáin na gaotha na tonnta thar na beanna is airde, agus gur síobadh ar shiúl prátaí agus arbhar ón talamh mín ó dheas. Síobadh ar shiúl reilig bheag a bhíodh taobh leis an chloigtheach le linn stoirme san fhichiú haois.

Insíonn Gráinne agus Pádraig Ó Dubhchoin faoi stoirm cúpla bliain ó shin a bhris isteach an dá chomhla dorais a bhí sa teach acu ar an Bhaile Thiar. Bhris an fharraige isteach sa seomra s'acu agus nuair a d'éirigh siad amach as an leaba bhí uisce go dtí na glúine orthu.

Sa deireadh thiar nuair a d'imigh an t-uisce fágadh a seomra lán leathaigh agus gainimh.

Ba iad na farraigí céanna sin a chruthaigh deacrachtaí do bhunadh Thoraí seirbhísí sagairt agus dochtúra a fháil. Insítear scéalta faoi shagairt nár éirigh leo dul isteach chun an oileáin le hAifreann a léamh Dé Domhnaigh. Nuair a tharlódh sin léadh an sagart Aifreann ar an tír mór ar an ché ag Machaire Rabhartaigh ag an am a bhí leagtha amach agus chruinneodh pobal an oileáin le chéile thart ar an T-chros nó ar an chloigtheach i dToraigh ag an am céanna. Céiliúradh an tAifreann trasna na dtonnta mar a dhéanfaí fríd theileapaite. Pósadh lánúnacha an dóigh chéanna nuair nach dtiocfadh leis an sagart taisteal isteach chun an oileáin. Deir Pádraig Ó Ceallaigh as an Fhál Charrach gur léigh sagart Aifreann pósta ar Chorrán Binne agus gur coinníodh an lánúin ar an eolas faoi cad é a bhí ag dul ar aghaidh le comharthaí solais.

Tá cuid mhór tagairtí don fharraige i stair Thoraí. De réir Ré Mhiotaseolaíoch na hÉireann tháinig go leor ionróirí trasna na farraige cosúil leis na Fomhóraigh, na Pairtealónaigh, na Neimídigh, na Fir Bolg, na Miléisigh agus na Danaigh. Ba í an fharraige a thug an Chríostaíocht Cheilteach go Toraigh.[28] Bhí trí naomh ag iomaíocht lena chéile le heaglais a bhunu i dToraigh, mar a bhí Beaglaoich, Fionán agus Colm Cille. Chuaigh an triúr suas go barr Chnoc na Naomh (tá siad ann a deir gur barr na Mucaise a bhí ann) agus socraíodh go gcaithfeadh achan duine acu a chroisín i dtreo Thoraí; rachadh an té a mbainfeadh a chroisín Toraigh amach, rachadh sé isteach san áit a bhfaigheadh sé an rud ba mhian leis. Chaith Beaglaoich agus Fionán croisín, duine i ndiaidh duine, agus achan fhear acu ag guí lena chuidiú féin agus le cuidiú Dé go mbainfeadh a chroisín an t-oileán amach. Chuir Colm Cille Dia sa chéad áit ag guí le cuidiú Dé agus lena chuidiú féin go rachadh a chroisín go Toraigh. D'imigh an croisín fríd an aer go gasta agus d'fhág poll ollmhór seachtó troigh ar doimhneacht san áit ar thuirling sé ar an oileán.[29] De réir scéal eile bhuail a chroisín na beanna ar an chósta thiar thuaidh agus d'fhág sé lorg beag ann. De réir an tseanchais is i gcurach a chuaigh Colm Cille go Toraigh agus tháinig sé i dtír i Scoilt an Ghlasáin. Tá leagan eile den turas isteach go Toraigh a deir gur scar na farraigí agus gur shiúil sé ar thalamh tirim isteach chun an oileáin.

Tá meas ag na hoileánaigh ar an fharraige. Bhéarfadh farraige charthanach neart éisc agus dhaingneodh sí ceangal leis an tír mór; chuirfeadh farraige chraosach a mbeatha i mbaol agus bhrisfeadh sí na curacha. Bhí sé tábhachtach mar sin de spioraid na farraige a choinneáil sásta. Bhí nós ag iascairí deoir phoitín a chaitheamh ar fharraige thógtha lena ciúnú.

Ba ghnách leo poitín a dhoirteadh ag dul thart le Corrán Binne ar a mbealach chun na nDúnaibh le lasta mór éisc. Dhéanfadh an poitín cinnte de go mbeadh siad sábháilte ag dul thart le gnáthóg na sí.

It was for similar reasons that the Tory fishermen carried holy clay with them whilst at sea; not only did it give protection against evil spirits but also against sea animals. Patrick Og Rodgers, the late King of Tory Island, told a story of a half-decker boat bringing cattle from the mainland to Tory. The smell of the cattle attracted the attention of a whale, which was about to devour the boat and its contents. As it came close to the boat one of the men flung a small bag of holy clay into its mouth and it disappeared into the depths of the ocean.

The present King of Tory, Patsy Dan Rodgers, tells a story of a similar escape when he was out in a boat with his father. When a large sea animal threatened their small currach, they took a small pinch of the holy clay from a bag in the prow of the boat and blessed themselves. After they had sprinkled the holy clay on the sea, the animal vanished.

Sometimes whales attacked so unexpectedly that there was no time to use the holy clay. The late Donal Doohan told a story of a whale breaking a herring boat into pieces a few yards from the shore. Fortunately all members of the crew were saved as they were so close to the land.

Tory men never hesitated to rescue a drowning man, but on some parts of the mainland there was a reluctance to save a man in distress. Donal Doohan's grandfather was drowned off the Bloody Foreland coast. He was in a currach which struck a submerged rock. He jumped out of the boat onto the rock and pushed it back into the sea; however the currach was washed away and he was left stranded. He stood there for two days and no one would come to his rescue. There was a belief that if they rescued someone from drowning they themselves would suffer the same fate; such was their concern that they would not even allow the body of a drowned man into the house. Sometimes they refused to use the timber from a boat that had been wrecked with a loss of life.[30]

The boundary between land and sea was always regarded as the most likely haunt for spirits of the sea. Sea dwellers could reside on land if they so desired but, usually, in the process they had to dispense with a tail or a fin.

Tales concerning mermaids and those who consorted with them are frequently told around Tory firesides. A story is told of a mermaid who was washed ashore during a fierce storm. She was befriended by an islander, who took her to his home. When he removed her tail he discovered a very attractive girl whom he quickly married. He hid her tail so that she would never be tempted to go back to the sea. They lived happily for a number of years and reared a family. One day their children found a peculiar object underneath a huge flag stone; they brought it to their mother who, recognising it as her tail, slipped it on and returned to the sea.

It was these same seas that brought a whole series of invaders, including the Vikings, to Tory. Some authorities claim that they gave the island its name after their own god of thunder, Thor. The Vikings commenced their attacks on Ireland in AD795 when they raided the monastery on Rathlin Island.[31] By 807 they had extended their activities all along the western seaboard, raiding monasteries at Inishmurray, Inishbofin and Clonmacnoisé. Although no mention of raids on Tory is made in the Annals of Ulster, the island would have proved attractive to the Norsemen. The monastery would have offered treasures such as gold and

Is ar na cúiseanna céanna a iompraíonn iascairí Thoraí úir choisricthe leo agus iad ar an fharraige; ní amháin mar chosaint ar ainspioraid ach ar ainmhithe mara chomh maith. D'inseodh Pádraig Óg Mac Ruairí, a bhí ina rí ar Thoraigh, scéal faoi leathbhád a bhí ag tabhairt eallach ón tír mór go Toraigh. Tharraing boladh an eallaigh aird péiste orthu agus bhí sí ag déanamh réidh leis an bhád agus a raibh ann a ithe. Nuair a tháinig sí gar don bhád chaith fear acu mála beag úire isteach ina béal agus d'imigh sí go tóin na farraige.

Tá scéal den chineál chéanna ag Patsy Dan Mac Ruairí, atá ina rí faoi láthair, faoin dóigh ar tháinig sé féin slán nuair a bhí sé amuigh i mbád lena athair. Nuair a bhí péist mhór ag dul a bhriseadh na curaí orthu thóg siad gráinne úire amach as mála i dtosach na curaí agus ghearr comhartha na croise orthu féin. Chomh luath agus a chaith siad an úir ar an fharraige d'imigh an phéist.

In amanna nocht péisteanna chomh gasta sin agus nach raibh faill ann an úir a úsáid. D'inseodh Dónal Ó Dubhchoin, nach maireann, go ndearna péist smidiríní de bhád scadán cúpla slat ón chladach. Ar an uair mhaith tháinig an fhoireann uilig slán ó tharla go raibh siad chomh cóngarach sin don talamh.

Ní raibh bac riamh ar fhir Thoraí tarrtháil a thabhairt ar fhear a bhí i mbaol báite ach in áiteanna áirithe ar an tír bhí leisce orthu cuidiú a thabhairt d'fhear a bhí i dtrioblóid. Cailleadh athair mór Dhónaill Uí Dhubhchoin amach o chósta Chnoc Fola. Bhí sé i gcurach a bhuail boilg. Léim sé amach ar an charraig agus bhrúigh an churach ar ais san fharraige; ach d'imigh an churach le sruth agus fágadh ann é. Dhá lá a sheas sé ansin agus gan duine ar bith sásta tarrtháil a thabhairt air. Chreidtí dá dtabharfá tarrtháil ar fhear a bhí i mbaol báite go mbeadh an deireadh céanna ort féin; bhí siad chomh buartha sin faoi agus nach ligfeadh siad corp an fhir bháite isteach sa teach. Uaireanta dhiúltaíodh siad úsáid a bhaint as adhmad ó bhád a briseadh más rud é gur cailleadh duine sa tubaiste.[30]

Glacadh leis gur sna críocha idir an fharraige agus an talamh is mó a bhíodh cónaí ar spioraid na mara. D'fhéadfadh lucht na mara cónaí ar talamh dá mba mhian leo ach chaithfeadh siad ruball nó eite a chailleadh lena dhéanamh.

Is minic trácht ar mhaighdeana mara, agus iad siúd a bhíodh ag comrádaíocht leo, sna scéalta cois tine i dToraigh. Tá scéal ann faoi mhaighdean a tháinig isteach leis an lán mara le linn stoirme. D'éirigh oileánach mór léi agus thug sé chun an bhaile í. Nuair a bhain sé di an ruball chonaic sé girseach ghalánta agus pósadh láithreach iad. Chuir sé i bhfolach an ruball sa dóigh nach mbeadh cathú uirthi filleadh chun na farraige. Mhair siad go sona sásta ar feadh roinnt blianta agus thóg siad clann. Lá amháin tháinig na páistí ar rud inteacht saoithiúil faoi leac mhór; thug siad dá máthair é agus, nuair a d'aithin sí gur an ruball a bhí ann, chuir sí uirthi é agus chuaigh sí ar ais chun na farraige.

Ba iad na farraigí céanna seo a thug sraith ionróirí go Toraigh, na Lochlannaigh ina measc. Dar le cuid de na saineolaithe go dtug siad an t-ainm ar an oileán, ainmnithe i ndiaidh a ndia toirní Thor. Thosaigh na Lochlannaigh ar Éire a chreachadh in AD795 nuair a d'ionsaigh siad mainistir ar Reachlainn.[31] Faoi 807 bhí siad ag creachadh feadh an chósta thiar, ag ionsaí mainistreacha ar Inis Muirí, Inis Bó Finne agus ag Cluain Mhic Nóis. Bíodh is nach bhfuil tagairt ar bith do ruathair ar Thoraigh in Annála Uladh, b'fhiú do na Lochlannaigh an t-oileán a ionsaí. Bheadh

silver reliquaries, and book covers richly decorated with precious stones. As well as valuable objects, the Vikings would have taken away people as slaves.

Silver finds along the Donegal coasts are often indicators of Viking settlements. A silver ingot, dating from the early eleventh century, was found in the sand hills near Dunfanaghy[32] and a disc-headed silver pin of a similar date was found on Tory.[33] Although these finds are assumed to testify to the presence of Vikings it may well be that they were acquired from the Vikings either by trade or as booty.

The monastery on Tory survived the Viking devastations as the invaders had a pragmatic approach to raiding: raid a monastery once and destroy it or damage it so badly that it ceases to exist, and that source of treasure and captives is exhausted; on the other hand, if it is allowed to survive and prosper it can be raided again and again.

Folklore indicates that the Vikings imposed a levy of an ounce of silver for each person in Ireland. Islanders who refused to pay their dues to the Norsemen had their noses cut off. Raids on Irish monasteries ceased soon after the victory over the Norsemen by Brian Boru at the Battle of Clontarf in 1014. A curious belief, however, persisted on Tory that the Vikings would return to Ireland to claim their lands; for centuries the islanders viewed with suspicion any boat approaching from the North.

The Vikings were not the only ones to raid Tory. The Annals of Ulster record the devastation of Tory by a marine fleet in 612. An insert in the Annals refers to the re-erection of the church on Tory in 616; the following year the island and its church were devastated once again. The church was restored by 621. The Annals record a further attack on Tory in 732 by Dungall, King of Scotland; no reason is given for this onslaught.[34]

In September 1588 the remnants of the defeated Spanish Armada made its way around the west of Scotland and Ireland in an attempt to reach home. n stormy weather at least twenty vessels were wrecked on the Irish coast. It is stated that one galleon foundered on a reef to the north-west of Tory, and at least three ships sank in Tory Sound. Tory provided a place of refuge for the survivors and the islanders assisted their escape to Scotland. George Bingham, President of Connacht, with a company of soldiers, exacted revenge on the island as it had harboured enemies of the Crown. He destroyed the monastery and captured the remaining survivors of the Armada.[35] The islanders boast of their mixed Spanish blood, so some Spaniards must have escaped Bingham's onslaught in 1595.

Wrecks

The treacherous seas around Tory have claimed innumerable ships over the centuries. Liners, warships, tramp steamers and coasters have all floundered in the seas around the island.

The earliest recorded wreck on Tory was the Jamaica Merchant from Barbados in 1744. The next wreck to be recorded was that of the Belfast, a boat with a cargo of coal from Cumberland, which ran aground on Tory in 1811.[36] The ancient Brehon Laws made it clear that a wrecked ship and its cargo became the legal property of the owners of the land. The crew were to be fed and accommodated for as long as was necessary. Although the Brehon Laws had been replaced by English Law in the sixteenth

maoin mar chumhdaigh taisí óir agus airgid ann chomh maith le clúdaigh leabhair maisithe le liaga lómhara. Chomh maith le maoin bheireadh na Lochlannaigh daoine leo ina sclábhaithe.

Go minic is comhartha é an t-airgead a fhaightear feadh chóstaí Dhún na nGall go mbíodh cónaí ar Lochlannaigh ann. Fuarthas uinge airgid a théann siar go dtí an t-aonú céad déag i ndumhach gar do Dhún Fionnachaidh[32] agus fuarthas biorán airgid a raibh barr cruinn air den aois chéanna i dToraigh.[33] Bíodh is go nglactar leis gur fianaise na rudaí seo go raibh Lochlannaigh ann, thiocfadh dó go bhfuarthas ó Lochlannaigh iad fríd thrádáil nó mar éadáil.

Tháinig an mhainistir i dToraigh fríd léirscrios na Lochlannach mar go raibh cur chuige pragmatach ag na hionróirí i dtaobh ruathair de; dá gcreachfaí mainistir iarraidh amháin agus í a scriosadh nó an oiread sin dochair a dhéanamh is nach ann di níos mó, bheadh an fhoinse sin maoine agus príosúnach ídithe; ar an taobh eile de, dá ligfí di teacht slán agus dul i neart arís d'fhéadfaí í a chreachadh arís agus arís eile.

De réir an bhéaloidis d'iarr na Lochlannaigh tobhach unsa airgid d'achan duine a bhí in Éirinn. Gearradh an gaosán d'oileánach ar bith nach raibh sásta an cháin a íoc. Stad na ruathair ar na mainistreacha Éireannacha go luath i ndiaidh do Bhrian Bóramha an bua a fháil ar na Lochlannaigh ag Cath Chluain Tairbh i 1014. Bhí barúil shaoithiúil ag muintir Thoraí go bhfilleadh na hUigingigh go hÉirinn lena gcuid talaimh a éileamh; ar feadh na mblianta chaitheadh na hoileánaigh súil amhrasach ar bhád ar bith a thagadh aduaidh.

Rinne níos mó ná na Lochlannaigh ionsaí ar Thoraigh. Tá taifead in Annála Uladh gur chreach loingeas Toraigh i 612. Tá tagairt sna hAnnála d'atógáil theach an Phobail i dToraigh i 616; creachadh an t-oileán agus teach an phobail arís an bhliain ina dhiaidh sin. Cuireadh bail ar theach an phobail arís faoi 621. Tá taifead sna hAnnála go ndearna Dún Gall, Rí na hAlban, ionsaí eile ar Thoraigh i 732; níor tugadh cúis ar bith don ionsaí.[34]

I Meán Fómhair 1588 bhí an méid a bhí fágtha d'armáid na Spáinne ag déanamh a mbealaigh thart ar iarthar na hAlban agus na hÉireann ag iarraidh baile a bhaint amach. Briseadh ar a laghad fiche soitheach ar chósta na hÉireann. Deirtear go ndeachaigh gaileon ar bhoilg ar an taobh thiar thuaidh de Thoraigh, agus gur cailleadh ar a laghad trí shoitheach i gcaolas Thoraí. Fuair na daoine a tháinig slán dídean i dToraigh agus chuidigh na hoileánaigh leo éalú go hAlbain. Bhain George Bingham, uachtarán Chonnacht, agus complacht saighdiúirí, díoltas amach ar an oileán mar gur tugadh dídean do naimhde an Rí. Scrios sé an mhainistir agus ghabh sé cibé daoine a bhí ann go fóill ón armáid.[35] Bíonn na hoileánaigh ag maíomh as an fhuil Spáinneach atá iontu agus mar sin de caithfidh gur éalaigh cuid de na Spáinnigh ó ionsaí Bingham i 1595.

Longa briste

Cailleadh na céadta soitheach thar na blianta sna farraigí feallracha thart ar Thoraigh. Briseadh línéir, longa cogaidh, galtáin fáin agus cóstóirí san fharraige thart ar an oileán.

Is é an *Jamaica Merchant* ó Bharbados a briseadh i dToraigh i 1744 an chéad longbhriseadh a taifeadadh. Ina dhiaidh sin tá tagairt don *Belfast*, soitheach a raibh lasta guail uirthi ó Cumberland agus a chuaigh ar na carraigeacha i dToraigh i 1811.[36] Tá sé soiléir ó

Sean Doherty
attendant keeper of
Tory Lighthouse

Seán Ó Dochartaigh,
fear Theach an tSolais

century, the practice still persisted on Tory; the cargo of coal was removed by the islanders and at low tide the vessel was broken up and all items of value confiscated. The crew of the vessel sailed home to Cumberland in the ship's lifeboat.

A lighthouse on Tory was requested by the Harbour Commissioners and Merchants of Sligo in 1828 as a result of the losses to shipping in and around the island. Approval for the project was granted and the lighthouse was established in 1832. The tower and building were designed by Inspector George Halpin and constructed by the workmen of the Ballast Board.[37] The tower is twenty-seven metres high and built at a height of forty metres above sea level; it has a range of thirty nautical miles.

Initially light was provided by oil lamps with a reflector, but in 1887 the light source was changed to gas and a revolving lens was introduced which gave intermittent flashes of light. The gas was made from coal in the gas works at the lighthouse. An islander was employed to bring the coal by horse and cart from Greenport. In 1923 paraffin replaced gas and, in turn, this source of light was converted to electricity in 1972.[38] In recent times the development of the Differential Global Positioning System has called into question the need for lighthouses; but even in these days of satellite navigation, mariners still feel comforted by the friendly beams of light emitting from lighthouses around the coast. However the Tory lighthouse, like those elsewhere, was converted to automatic operation, and the keepers were withdrawn from the station in 1990. The station is now in the care of an attendant keeper, Sean Doherty, and the aids to navigation are monitored via a telemetry link in Dun Laoghaire.

sheandlíthe na mBreithiúna gur le húinéirí an talaimh long bhriste agus a lasta. Caitheadh bia agus lóistín a chur ar fáil don fhoireann chomh fada agus a bhíodh sé de dhíth. Bíodh is gur ghlac dlíthe Shasana áit dhlíthe na mBreithiúna sa séú céad déag, lean an nós seo i dToraigh; thóg na hoileánaigh an gual agus nuair a bhí sé ina lom trá briseadh suas an soitheach agus coigistíodh rud ar bith a bhí luachmhar. Sheol an fhoireann anonn go Cumberland i mbád tarrthála an tsoithigh.

D'iarr Coimisinéirí an Chalafoirt agus Ceannaithe Shligigh teach solais in 1828 de thairbhe an líon soithí a briseadh thart faoin oileán. Ceadaíodh an tionscnamh agus tógadh teach an tsolais in 1832. Ba é an Cigire George Halpin a dhear an túr agus an foirgneamh agus thóg oibrithe ón Bhord Ballasta iad.[37] Tá an túr seacht méadar is fiche ar airde agus seasann sé daichead méadar os cionn an farraige; tá raon tríocha míle farraige aige.

Ag an tús baineadh úsáid as lampaí ola agus frithchaiteoir leis an solas a thabhairt ach in 1887 athraíodh foinse an tsolais go gás agus baineadh úsáid as lionsa rothlánach le splancanna uaineacha solais a chruthú. Rinneadh an gás ó ghual sa gháslann ag teach an tsolais. Bhí oileánach fostaithe leis an ghual a thabhairt ar charr asail ó Phóirtín Glas. I 1923 baineadh úsáid as pairifín in áit an gháis agus athraíodh an foinse seo solais go leictreachas i 1972.[38] Le blianta beaga anuas ciallaíonn an fhorbairt ar an Córas Ionad Idirdhealaitheach Domhanda (Differential Global Positioning System) nach bhfuil gá le tithe solais a thuilleadh; ach fiú i laethanta seo na loingseoireachta satailíte tugann an solas, a eisíonn ó thithe solais fad an chósta, sólás do mhairnéalaigh.

Ach cosúil leis na cinn eile, athraíodh teach solais Thoraí le bheith ag feidhmiú go huathoibríoch agus d'fhág na coimeádaithe an stáisiún i 1990. Tá sé anois faoi chúram Sheáin Uí Dhochartaigh, agus coinnítear súil ar an trealamh loingseoireachta fríd cheangail teiliméadrachta i nDún Laoghaire.

Roimh 1990 bhíodh príomhchoimeádaí agus trí chúntóir ann a chónaíodh lena gclanna taobh istigh de bhábhún a raibh balla deich dtroithe ar airde thart air. Bhí an bábhún mór go leor le ligean do phobal theach an tsolais a gcuid prátaí agus glasraí féin a fhás agus lena gcuid eallaigh agus gabhar a bheith ag innilt ann.

Ba chuid de phobal Thoraí muintir theach an tsolais. Théidís chuig céilithe agus bhíodh na páistí ag freastal ar scoil Thoraí. Mar shampla cheannaigh Niall Mac an Bhaird talamh, thóg teach mór ann agus rinneadh Rí an Oileáin de ag deireadh an naoú céad déag. Phós sé bean de chuid Toraí agus bhain mac s'aige, Séamus, craobh na hÉireann amach sa damhsa baelach agus bhí sé ina bhall tábhachtach de Chonradh na Gaeilge a bunaíodh in 1893 le cultúr na hÉireann a chur chun tosaigh. Rinneadh Rí de Shéamus nuair a fuair a athair bás agus rinne sé óstán, a raibh siopa agus teach tábhairne ann, den teach.[39] Is iomaí duine cáiliúil a d'fhan san óstán thar na blianta, an Ridire Roger Casement ina measc.

Níor chuir teach an tsolais deireadh leis an longbhriseadh. Cailleadh an scúnar *Montagnasse of Belfast* i dToraigh in 1842; cailleadh soitheach eile as Béal Feirste an *Isabella* agus a lasta coirce in 1851; tháinig soitheach tréigthe, an *Sirion*, isteach leis an lán mara in 1847; tarraingíodh an *Sloop Sisters* isteach go Toraigh agus drochbhail uirthi in 1851; agus síobadh isteach an *Lavinia* ó Quebec gan foireann agus fuair na hoileánaigh lasta adhmaid.[40] Rinne na hoileánaigh neamhaird iomlán de bhagairtí an Gharda Cósta nó ghlac siad leis gur leo, ó cheart, soitheach ar bith a briseadh agus cibé lasta a bhí ann.

Prior to 1990 the lighthouse was manned by a Principal Keeper and three assistants, who were accommodated with their families within a large compound surrounded by walls ten feet in height. The compound was extensive enough to permit the lighthouse community to grow their own potatoes and vegetables, to rear chickens, and to graze their own cows and goats.

The lighthouse families were part of the Tory community. They were regular attenders at ceilis and their children went to the Tory school. Some keepers when they retired from the service remained on Tory. Niall Ward, for example, bought land, built a substantial house and became the King of the island in the late nineteenth century. He married a Tory woman, and his son Séamus became an all-Ireland champion dancer and a leading member of the Gaelic League, which was founded in 1893 to promote Irish culture. Séamus became King on the death of his father, and converted the family home into an hotel with a shop and pub attached.[39] Over the years many well known people stayed in the hotel including Sir Roger Casement.

The lighthouse did not stop the losses at sea. The schooner Montagnasse of Belfast was lost with her crew on Tory in 1842; another Belfast vessel the Isabella sank with its load of oats in 1851; the Sirion, an abandoned vessel, drifted ashore in 1847; the Sloop Sisters was towed to Tory in 1853 in a derelict state; and in 1866 the Lavinia of Quebec drifted ashore without a crew providing the islanders with a cargo of timber.[40] All threats from coastguards were ignored by the islanders who regarded wrecks and their cargoes as their legitimate property.

In the mid-nineteenth century Tory lacked a deep sea harbour, yet many vessels were prepared to approach the island at high tide, load their cargo and depart whilst there was still a sufficient depth of water. One such vessel was the Orchard, which sailed from Letterkenny to Tory for a load of kelp in 1853. As a result of the crew's negligence the vessel drifted onto the shore leaving the owners out of pocket; she was only insured for £200 of her value of £600.

Cargo steamers began to appear around the west coast of Ireland in the 1870s. The Limerick Steamship Company employed the steamer Holyrood on the Glasgow-Limerick run, and a Scottish firm McCalman, McPhail & Co placed the Fairholm on the same route in 1874. The Fairholm did not remain in competition for long as she struck a reef to the south-east of Tory in 1876 with the loss of five lives. Six of the crew landed safely on Tory and were received with hospitality; the islanders conveyed them by boat to the mainland. When the agents for Lloyds arrived on Tory to take charge of the Fairholm she was a total loss. The island community had once again profited from a loss at sea.[41]

In 1879 the Augusta, a large cargo steamer sailing from Sligo, went ashore between the lighthouse and West Town. The Flying Hurricane, a tug 109 feet in length, came to her rescue but was also blown on shore. These larger steamers should have been less vulnerable in treacherous seas than sailing ships, but the tale of woe continued. In 1886 the Presshome of Banff was wrecked on Tory with loss of life, and the Jacinth, laden with larch for railway sleepers, went ashore at West Town in poor visibility. Again in 1890 the Elizabeth Roy, en route from Galway to Ardrossan, was forced onto the south-east end of Tory in a severe gale. Only two of a crew of seven survived.[42]

The growing number of losses and the frequency of vessels in distress around Tory made it necessary for consideration to be

Ní raibh port domhain ar bith i dToraigh i lár an naoú céad déag ach bhíodh go leor soithí sásta teacht isteach chun an oileáin ag barr láin, an lasta a chur ar bord agus imeacht arís nuair a bheadh go leor uisce ann go fóill.

Ar cheann de na soithí seo bhí an *Orchard* a sheol ó Leitir Ceanainn go Toraigh faoi choinne lasta ceilpe in 1853. Trí fhaillí na foirne chuaigh an soitheach isteach ar an chladach ag fágáil a úinéirí thíos leis; ní raibh ach árachas £200 ar a luach de £600.

Ba ghnách le galtáin tráchta teacht thart le cósta thiar na hÉireann sna 1870í. D'úsáid Comhlacht Galtán Luimnigh an galtán *Holyrood* ar an turas ó Ghlaschú go Luimneach agus chuir comhlacht Albanach darbh ainm McCalman, McPhail and Co an *Fairholm* ar an turas céanna in 1874. Níor fhan an *Fairholm* i gcomórtas i bhfad nó bhuail sí boilg ar an taobh thoir theas de Thoraigh in 1876 agus cailleadh cúigear. Tháinig seisear den fhoireann slán i dtír i dToraigh agus tugadh dídean dóibh; thug na hoileánaigh go dtí an tír mór iad i mbád. Nuair a tháinig ionadaithe Lloyds isteach go Toraigh le seilbh a ghlacadh ar an *Fairholm* bhí sí scriosta. Arís eile chuaigh briseadh loinge chun sochair do mhuintir an oileáin.[41]

In 1879 chuaigh galtán mór tráchta as Sligeach, an *Augusta*, i dtír idir teach an tsolais agus an Baile Thiar. Tháinig an Flying Hurricane, tuga 109 troigh ar fad, lena tarrtháil ach cuireadh suas ar an chladach fosta é. Ba chóir do na galtáin mhóra seo bheith níos sábháilte ar fharraigí garbha ná mar a bheadh na báid seoil ach méadaíodh ar líon na dtubaistí. In 1886 briseadh an *Presshome of Banff* i dToraigh agus cailleadh an fhoireann, agus chuaigh an *Jacinth*, a raibh lasta learóige faoi choinne trasnán uirthi, ar na carraigeacha ar an Cheann Thiar i gceobhrán. Arís in 1890 cuireadh an *Elizabeth Roy*, a bhí ar an bhealach ó Ghlaschú go hArd Rosann, isteach ar charraigeacha ar an taobh thoir theas de Thoraigh le linn stoirme. Níor tháinig slán ach beirt amach as foireann seachtair.[42]

De thairbhe líon na dtubaistí sna farraigí thart ar Thoraigh b'éigean smaoineamh faoi stáisiún comharthaíochta a thógáil a mbeadh na soithí ábalta teagmháil a dhéanamh leis lena staid a chur in iúl. Socraíodh gur áit mhaith Toraigh faoi choinne an stáisiúin mar gurbh í an chéad phíosa talaimh ar an turas anall as Meiriceá agus an ceann deireanach ar an bhealach anonn; chomh maith leis sin de thairbhe go raibh an fharraige domhain bheadh soithí ábalta teacht cóngarach don oileán agus comhartha a dhéanamh leis an stáisiún. In 1886 measadh go ndeachaigh luach £38 milliún de shoithí agus lastaí thart le hOileán Thoraí agus go raibh suas le ceathrú milliún duine, idir fhoirne agus phaisinéirí, orthu.

Agus na staitisticí seo ar eolas acu, chuir suas le 230 úinéir soithigh agus máistir galtáin agus báid seoil, a raibh baint acu le tráchtáil san Atlantach Thuaidh, chuir siad achainí chuig Tiarnaí Coimisinéirí Chiste na Banríona le stáisiún comharthaíochta agus teileagraif a thógáil ar Thoraigh ar mhaithe le sábháilteacht daoine agus tráchtála.[43] Go gairid ina dhiaidh sin tógadh stáisiún ar an oileán a raibh túr ollmhór comharthaíochta ann agus rópaí cruach mar thaca aige. Bhí gléas scaoilte roicéad agus bád tarrthála ag an stáisiún chomh maith.

Ba shéamafór agus teileascóp an modh cumarsáide a úsáideadh idir na soithí agus an túr comharthaíochta. Chuirtí in iúl eolas mar ainm an bháid, an lasta ar bord, an port deireanach a raibh sé ann, a cheann scríbe, tonnáiste srl. Cruinnítí an t-eolas seo uilig agus

Remains of the Lloyds Signal and Telegraph Station

Ballóga Stáisiún Sreangscéal Lloyds

given to the construction of a signal station to which vessels could communicate their circumstances. Tory was regarded as a suitable place for the station as it was the first landfall on the homeward bound crossing from America, and the last on an outward journey; furthermore, the deep seas enabled vessels to approach close to the island and signal the station. In 1886 it was estimated that vessels and cargoes to the value of £38 million, with nearly a quarter-million crew and passengers, passed Tory Island. Armed with these statistics some 230 shipowners and masters of steam and sailing ships with interests in North Atlantic trade petitioned the Lords Commissioners of Her Majesty's Treasury to establish a Signal and Telegraph Station on Tory Island in the interests of humanity and commerce.[43] Shortly afterwards a station was constructed on the island with a huge signalling tower supported by steel ropes. The station was also provided with rocket firing apparatus and a rescue boat.

The method of communication between signal tower and vessels was by semaphore and telescope. The information exchanged consisted of the vessel's name, cargo, last port of call, destination, tonnage etc. All this information was collated and passed on to Lloyds of London by telegraphic communication. An underwater cable was placed between Tory and Horn Head on the mainland to link with the national network in 1890.

In 1898 Lloyds set up a radio installation to operate between Ballycastle, Co Antrim and Rathlin Island, and the tests carried out were so successful that they decided to equip all their signal stations with radio equipment, and thus a radio facility was added to the signalling function on Tory in 1902. However not every vessel was equipped with radio; these were unable to make use of the radio telegraph service and the signalling facility persisted for a number of years.

New developments increased the quality of radio equipment and the night morse code range was extended to over 1,500 miles. As a result many of the Signal and Telegraph Stations, including Tory, became superfluous and were closed down. By 1920 only two marine radio stations remained operational, those at Malin Head and Valentia Island, both of which have provided a continuous service to shipping to the present day.[44]

chuirtí ar aghaidh go Lloyds i Londain trí chóras teileagrafach é. Cuireadh cábla faoi thoinn idir Toraigh agus Corrán Binne ar an tír mór le ceangal a dhéanamh leis an ghréasán náisiúnta in 1890.

In 1898 chuir Lloyds ar obair bunáit raidió le feidhmiú idir Baile an Chaistil i gCo. Aontrama agus Oileán Reachlainne agus d'éirigh chomh maith sin leis na trialacha gur socraíodh trealamh raidió a chur isteach sna stáisiúin chomharthaíochta uilig, agus ar an ábhar sin cuireadh gléas raidió leis an trealamh comharthaíochta i dToraigh i 1902. Ní raibh raidió ag achan soitheach áfach; ní raibh siad ábalta feidhm a bhaint as an tseirbhís raidió-teileagrafaíochta agus mhair an áis chomharthaíochta go cionn tamaill ina dhiaidh sin.

Le tuilleadh forbartha tháinig feabhas ar chaighdeán an trealaimh raidió agus leathnaíodh raon an chóid Mhorsaigh san oíche go dtí níos mó ná 1,500 míle. Mar thoradh air sin ní raibh gá le cuid mhór de na stáisiúin chomharthaíochta agus teileagraif níos mó, Toraigh ina measc, agus druideadh síos iad. Faoi 1920 ní raibh ach dhá stáisiún raidió mara ag feidhmiú go fóill, ceann ag Ceann Mhálainne agus ceann ar Dhairbhre, agus tá seirbhís leanúnach á soláthar ag an dá áit ó shin go dtí an lá atá inniu ann.[44]

HMS Wasp

Tharla an tubaiste is suntasaí gar do chósta Thoraí ar oíche 22 Meán Fómhair 1884 nuair a chuaigh an *HMS Wasp* ar na carraigeacha faoi theach an tsolais le dea-aimsir agus í á stiúradh ag foireann a bhí eolach ar an fharraige san áit.[45]

Deirtear go raibh an soitheach ar an bhealach go Toraigh le cíos a bhí le híoc leis an tiarna talún neamhchónaitheach, Benjamin St. John Joule, a thógáil, ach tá seans níos mó ann go raibh sí ar an bhealach go Magh Bhile le báillí a thógáil sula rachadh sí go hInis Trá Thuill agus deichniúr oileánach a dhíshealbhú mar gur dhiúltaigh siad cíos £78 a íoc.

Is iomaí cúis atá curtha síos do chailleadh an *Wasp*. Dar leis an Aimiréalacht gur de thairbhe mcancóg stiúrtha a tharla sé; ach bhí eolas maith ag an fhoireann ar chósta thiar thuaidh na hÉireann.

HMS Wasp graveyard

Reilig na ndaoiní a cailleadh ar *HMS Wasp*

The bell of *HMS Wasp* on display in the island Art Gallery

Clog an *HMS Wasp* ar taispeáint i nDánlann an Oileáin

HMS Wasp

The most intriguing disaster around the coast of Tory occurred on the night of 22 September 1884 when the HMS Wasp sank in fair conditions, under a lighthouse, navigated by a crew familiar with the waters.[45]

It is claimed that the vessel was en route to Tory Island to collect rents owing to the absentee landlord Benjamin St John Joule, but it is more likely that the Wasp was sailing for Moville to pick up the bailiffs, before proceeding to Inishtrahull to evict ten islanders for refusing to pay rents amounting to £78.

Numerous reasons have been advanced for the demise of the Wasp. It has been suggested by the Admirality that the disaster resulted from a navigational error; however, members of the crew were well acquainted with the north-west coast of Ireland. They had visited Tory on several occasions, and in the spring of 1883 they had transported potatoes, on behalf of the charitable Society of Friends, to the distressed islanders. Sabotage has also been given as a reason for the destruction of the Wasp. Claims have been made that a saboteur may have tampered with the navigation equipment, or that the skipper had deliberately set the fateful course. There is no evidence, however, to support these allegations.

Low morale amongst members of the crew has been cited as a reason. The very nature of their duties gave rise to swings of mood from cheerful and willing co-operation to despair and despondency. On one trip the crew would feel elated as they administered food to starving communities along the west coast; on the next their mood would be one of dejection as they were engaged in helping to evict people from their homes, because they didn't have sufficient funds to meet the high rents demanded by their landlords. The crew was likely to have been in low spirits that night of 22 September 1884 knowing that they were on their way to Inishtrahull to evict helpless islanders.

It has also been claimed that failure of the lighthouse mechanism was responsible for the sinking of the Wasp. Folk tradition suggests that the lamp went out, and this helps to explain how the ship was wrecked virtually underneath the lighthouse. The surviving members of the crew, however, indicated that the light was burning when the Wasp struck the shore, but the malfunction may only have been remedied minutes before the vessel's destruction. It is contended that the lighthouse keepers would not have admitted to the malfunctioning of the lights through fear of dismissal. More serious is the allegation that the lighthouse keepers colluded with the islanders to lure the

Thug siad cuairteanna go leor roimhe sin go Toraigh, agus in 1883 san Earrach thug siad prátaí isteach chuig na hoileánaigh chráite, thar ceann an ghrúpa carthanachta, Society of Friends. Luadh loitiméireacht fosta mar chúis le briseadh an *Wasp*. Maítear go mb'fhéidir go ndearnadh dochar don trealamh stiúrtha nó gur rianaigh an captaen an cúrsa tubaisteach sin d'aon toisc. Níl fianaise ar bith, áfach, le creidiúint a thabhairt do na líomhaintí sin.

Luaitear easpa misnigh i measc na foirne mar chúis. D'fhág an cineál oibre a bhí acu go mbeadh spionn maith meanmnach orthu lá amháin agus díomá agus drochmhisneach an chéad lá eile. Ar thuras amháin bhíodh an fhoireann lúcháireach agus iad ag tabhairt bia chuig pobail ocracha ar an chósta thiar; ar thuras eile chuideodh siad go tromchroíoch le daoine a dhíshealbhú mar nach raibh an t-airgead acu leis na hardchíosanna a d'iarr na tiarnaí talún a íoc. Achan seans go raibh an fhoireann faoi ghruaim ar oíche an 22 Meán Fómhair 1884 agus fios acu go raibh siad ar an bhealach go hInis Trá Thuill le hoileánaigh dhearóile a dhíshealbhú.

Deirtear fosta gur cliseadh ar mheicníocht theach an tsolais ba chúis le briseadh an Wasp. De réir an tseanchais chuaigh an solas as agus míníonn sin mar a briseadh an Wasp díreach faoi theach an tsolais.

Dúirt na daoine a tháinig slán, áfach go raibh an solas lasta nuair a bhuail an *Wasp* an charraig, ach b'fhéidir nár cuireadh bail ar an mhíghléas go dtí cúpla bomaite sular briseadh an soitheach. Maítear nach ndéarfadh coimeádaithe theach an tsolais gur chlis ar an solas ar eagla go mbrisfí as a bpost iad. Is tromchúisí i bhfad an líomhain go raibh na coimeádaithe ag comhoibriú leis na hoileánaigh leis an Wasp a chur ar na carraigeacha mar go raibh a fhios acu gur ghairid go dtiocfadh an Wasp go Toraigh le hamharc faoi fhiachóirí chomh luath agus a bheadh cúrsaí in Inis Trá Thuill socraithe.

Tá go leor oileánach cinnte gur cloch mallachta Thoraí ba chúis leis an bhriseadh. Luíodh an chloch seo ar Chloch Arclaí, carraig ar leith a bhí os comhair theach an tsolais. Thagadh oilithrigh go dtí an chloch seo mar chuid den turas, a thug thart deiseal ar an oileán trí huaire iad roimh éirí na gréine. Nuair a thagadh siad a fhad le cloch Arclaí, thiontódh siad an chloch deiseal mar chomhartha

Cloch Arclaí where the cursing stone rested

An áit a mbíodh cloch na mallachtaí

TONNTA THORAÍ   49

Wasp on to the rocks knowing that the Wasp would be acting against Tory debtors soon after dealing with the situation on Inishtrahull.

Many of the islanders attribute the wreckage to the use of the Tory Cursing Stone. The stone rested on a distinctive rock, Cloch Arclai, near the lighthouse. The rock was visited as part of a turas by pilgrims, who had to walk around the island three times in a clockwise direction before sunrise. When they reached Cloch Arclai they turned the stone in a clockwise direction to indicate the completion of a circuit. A corrupted version developed with the stone being turned in an anti-clockwise direction. It was then discovered that the stone had the powers to curse one's enemies. It is believed that the King of Tory and a group of islanders rushed to Cloch Arclai when they heard that HMS Wasp was on its way to the island. The stone was turned in an anti-clockwise direction with horrific consequences.[46]

Whether it was human error or the dark forces of evil that caused the wreck, fifty men were lost at sea and only six survived the ordeal. According to Donal Doohan, the islanders were paid £2 by the Navy for each body brought ashore, and £5 if they were put in a coffin and buried. Eight members of the crew were buried in the Wasp cemetery, known as the Protestant graveyard, a little to the north of the lighthouse, not far from the site of the disaster. Other bodies were recovered and buried in places as far apart as Glencolmcille, Bunbeg, Carrigart and Malin.

Because of deteriorating weather, the six survivors had to remain on Tory in the lighthouse for four days until they were picked up by HMS Valiant; an island boat took them out to the Valiant from Port Doon.

Shortly afterwards the survivors appeared before a court martial in Portsmouth. The court concluded that the Wasp had been lost due to lack of care and attention on the part of the crew.

No evictions ever took place on Inishtrahull or Tory.

Fishing

It was the abundance of fish and shoreline products which first attracted man to Tory some 6,000 years ago. Since then the sea and the shore have played an important part in the island's economy. According to Mason, the Tory currach supplies the link in the evolution from the round coracle of the River Boyne to the modern long currach in use along the west coast of Ireland.[47] The Tory currach was usually small in size with the ends of the gunwale projecting from the stern to prevent the tarred canvas from rubbing on the ground, when the boat was erected for carrying. For propulsion, it depended on a paddler at the prow with a second man usually on the stern steering. From this paddling currach, a rowing currach with a more pointed prow evolved; two seats were added and wooden runners (often with steel tips) were placed on the bottom so that the boat could be pulled up the beach without injury to the canvas (*see Diagram 1 on page 52*). As there was no wood on Tory, the islanders concentrated on smaller, lighter boats and never attempted to construct the longer currachs which were popular in the Aran Islands. The Tory currach required only light laths and some harder wood for the gunwale, but even this presented the Tory men with difficulties, and they had to scour the mainland looking for suitable branches of trees from which to make them.

The Tory currach

Curach de chuid Thoraí

go raibh cúrsa amháin déanta. Tháinig leagan truaillithe aníos a thiontódh an chloch tuathal. Fuarthas amach ansin go raibh an cumhacht ag an chloch mallacht a chur ar naimhde. Creidtear go ndeachaigh Rí Thoraí agus grúpa oileánach go Cloch Arclaí nuair a chuala siad go raibh *HMS Wasp* ar an bhealach isteach. Tiontaíodh an chloch tuathal agus bhí toradh uafásach air sin.[46]

Cé acu meancóg dhaonna nó fórsaí urchóideacha ba chúis leis an bhriseadh, cailleadh caoga fear agus níor tháinig ach seisear slán. Dar le Dónall Ó Dubhchoin go bhfuair na hoileánaigh £2 ón chabhlach d'achan chorp a tháinig i dtír, agus gur £5 a fuair siad do chorp ar bith a cuireadh i gcónra. Cuireadh ochtar den fhoireann i reilig an *Wasp*, an Reilig Ghallda mar a thugtar uirthi, atá taobh ó thuaidh de theach an tsolais cóngarach d'áit na tubaiste. Fuarthas coirp eile agus tá siad curtha in áiteanna chomh scaipthe le Gleann Choilm Cille, An Bun Beag, Carraig Airt agus Málainn.

De thairbhe doininne, bhí ar an seisear a tháinig slán i dToraigh fanacht i dteach an tsolais ar feadh ceithre lá go dtáinig an *HMS*

TONNTA THORAÍ 51

Diagram 1
The Tory Island Paddling Currach with old and new types of paddles

Léaráid 1
Curach céasla Oileán Thoraí agus le céaslaí den seandéanamh agus den déanamh úr

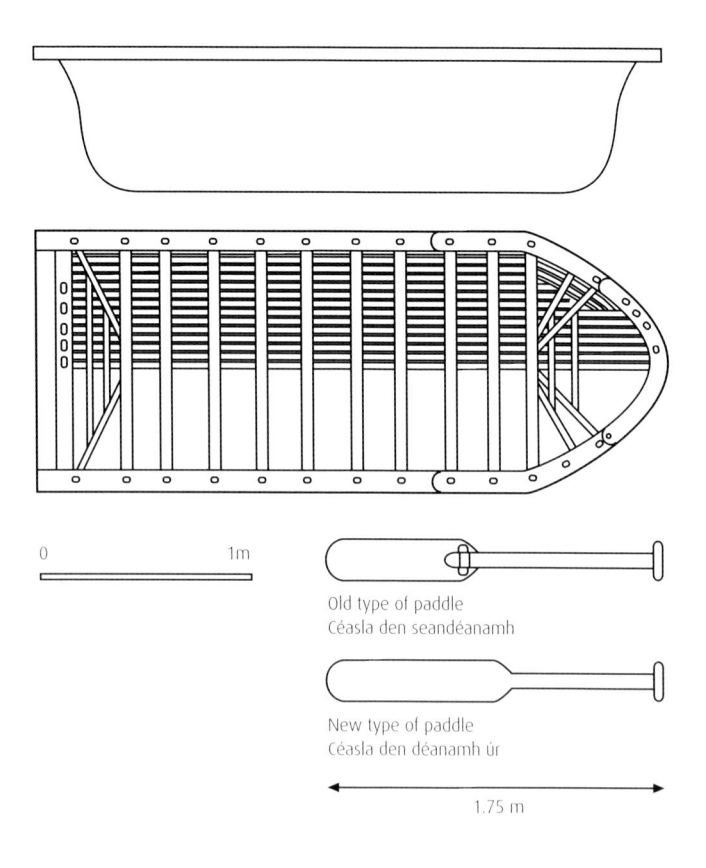

Old type of paddle
Céasla den seandéanamh

New type of paddle
Céasla den déanamh úr

1.75 m

These small and fragile craft managed to land large catches of fish with the help of watchers on the cliffs who, with special signs, would direct them to shoals. The islanders also used landmarks to assist them. The exact positions of the fishing grounds were fixed by orientation with specially constructed stone cairns on the headlands: the intersection of lines of sight marked the particularly favoured spots. These cairns are still to be found on many prominent headlands to the present day.

Despite their limited equipment, the islanders usually had a surplus of fish. Some of these were sold at Falcarragh, but more frequently the surplus catch was dried for winter use. The Report from the Select_Committee on Destitution, Gweedore and Cloughanelly (1858) refers to a peculiar island custom of placing the surplus catch of turbot in holes and 'tethering' them there until they were required. The Report also makes reference to feeding fish to horses.[48]

The islanders had a lively trade with coastal steamers. By 1893 it was estimated that every household was making as much as £15 annually from the sale of white fish and lobsters (*see Appendix 5 on page 137*). Although this trade was liable to fluctuations it provided a useful source of income.

Over the centuries the islanders had become deeply attached to their currachs, which provided not only a considerable part of their livelihood but also afforded a means of transport to the mainland. Over and above these practical uses the currach had an emotional appeal, which is reflected in the island's music and poetry. There were also many taboos and superstitions connected with the currach. It was considered a bad omen to put to sea if anything red had been seen prior to departure. It was particularly ominous to meet a woman with red hair. Some islanders even considered it unsafe to walk between a red-headed woman and the sea cliffs. To counteract bad omens and to afford protection from the elements, the islanders tied bags of sacred Tory clay to the sides of their currachs.

At the beginning of the twentieth century, Tory entered into the mainstream of Irish life with the purchase of the island by the Congested Districts Board.[49] The Board immediately made loans

Valiant lena dtógáil. Bád de chuid an oileáin a thug amach go dtí an *Valiant* iad ó Phort an Dúin.

Go gairid ina dhiaidh sin cuireadh cúirt airm ar na daoine a tháinig slán in Portsmouth. Ba é breith na cúirte ná go raibh an fhoireann neamh-airdiúil agus míchúramach agus gur sin an fáth ar cailleadh an Wasp.

Níor díshealbhaíodh duine ar bith ar Inis Trá Thuill ná i dToraigh riamh.

Iascaireacht

Ba é fairsinge an éisc agus cúrsaí cladaigh a mheall daoine go Toraigh tá 6,000 bliain ó shin. Ó shin i leith tá páirt mhór ag an fharraige agus ag an chladach i ngeilleagar an oileáin. De réir Mason is é churach Thoraí an ceangal san fhorás ó churach chruinn na Bóinne go dtí an churach fhada nua-aimseartha a bhíonn in úsáid fad chósta thiar na hÉireann.[47] Bhíodh curach Thoraí beag de ghnáth agus deirí an ghunail ag gobadh amach ón deireadh sa dóigh nach dtarraingeofaí an canbhás tarráilte ar an talamh nuair a thógfaí an churach lena hiompar.

Lena tiomáint bhíodh céaslóir ag an tosach agus go minic fear eile ag an deireadh ar an stiúir. Ón churach chéasla seo tháinig curach rámha a raibh gob níos géire airthi; cuireadh isteach dhá thocht agus cuireadh dhá mhaide cos (go minic le barr cruach) ar an bhun sa dóigh go dtiocfadh an bád a tharraingt aníos ar an ghaineamh gan an canbhás a stróiceadh (*Féach léaráid 1 ar leathanach 52*). De thairbhe nach raibh adhmad ar bith ar Thoraigh, chloígh na hoileánaigh le báid bheaga éadroma agus ní dhearna siad iarracht riamh an churach fhada, atá coitianta in Oileáin Árann, a thógáil. Ní raibh de dhíth do churach Thoraí ach lataí éadroma agus adhmad crua don ghunail, ach fiú ansin bhí deacrachtaí ag fir Thoraí, b'éigean dóibh an tír a chuardach do chraobhacha crann a bheadh fóirsteanach lena ndéanamh.

D'éirigh leis na soithí éadroma sobhriste seo cuid mhór éisc a thabhairt isteach le cuidiú ó dhaoine ag coimhéad amach ar na beanna, a chuirfeadh i dtreo an éisc iad le comharthaí speisialta. Bhaineadh na hoileánaigh úsáid as clocha críche fosta le cuidiú leo. Tógadh cairn chloch in áiteanna faoi leith ar na cinn tíre agus ba le treoshuíomh a leagadh amach ionaid chruinn na mbráití; bhíodh áit mhaith iascaireachta san áit a dtiocfadh dhá líne amhairc trasna ar a chéile. Tá na cairn seo le feiceáil go fóill ar go leor de na príomhchinn tíre go dtí an lá atá inniu ann.

Ainneoin nach raibh mórán trealaimh acu bhíodh fuílleach éisc ag na hoileánaigh de ghnáth. Dhíoltaí cuid de seo ar an Fhál Charrach ach níos minice thriomaítí an fuílleach don gheimhreadh. I dtuairisc ón Roghchoiste Bochtaineachta, Gaoth Dobhair agus Cloch Cheann Fhaola (1858), tá tagairt do nós saoithiúil oileáin inar cuireadh fuílleach na dturbard i bpoill agus coinníodh ansin iad go mbeadh feidhm leo. Tá cur síos ar iasc á thabhairt do chapaill sa tuairisc fosta.[48]

Bhí trádáil mhaith ag na hoileánaigh le galtáin chósta. Faoi 1893 measadh go raibh achan teaghlach ag saothrú £15 sa bhliain as bheith ag díol iasc geal agus gliomach (*Féach aguisín 5 ar leathanach 137*). Bíodh is go dtiocfadh leis an trádáil seo a bheith maith nó olc, ba mhaith an fhoinse airgid í.

Thar na blianta d'éirigh siad iontach geanúil ar na curacha a bhí ní amháin ina bpáirt mhór den tslí bheatha s'acu ach a d'fhág bealach acu le dhul chun na tíre. Ach taobh amuigh de na húsáidí

Tory boats standing proudly on the shore

Na bádaí go bródúil cois cladaigh

to develop the fishing industry and several wooden yawls were built from imported timber. Large sail and oar- powered herring fishing boats were also acquired. In addition, the Congested Districts Board provided a pier and slipway at West Town as the heavier and not so manoeuvrable craft had decreased the utility of the old port facilities. As long as the islanders fished from their traditional craft, the currach, Tory was never able to develop its fishing potential, for the small canvas vessel was of limited use for deep-sea fishing and was unable to leave port in rough conditions. With improved facilities Tory was able to commence fishing, for the first time, on a commercial basis.

The first step taken by the Board, when it began its work in the Congested Districts of Ireland, was to set up curing stations along the coast to stimulate fishing. Prior to the establishment of curing facilities on Tory, many fish were wasted and had to be dumped at sea when weather conditions restricted access to the market at Falcarragh. With the establishment of a curing station, the island entered a period of energetic fishing with as many as eight boats in operation, each having a crew of eight or nine men. This must have put a strain on Tory's manpower for the 1901 census indicates that there were only eighty men between the ages of 15 to 64 on the island. Women also found employment gutting and salting herring in the curing station. The clann system, which had evolved to settle problems relating to land inheritance, had also an important influence with regard to the composition of the boat crews. The crews consisted essentially of people related by descent from within a clann.[50] However, it was also necessary to include unrelated persons; due to the shortage of labour, it was not possible to recruit exclusively from within a clann group. Some of the boats for their fishing fleet were acquired from boat builders in Derry and Moville, but the islanders soon discovered that they were capable of producing even worthier boats, drawing on their own skills of currach construction.

Motor-powered fishing vessels were introduced to the island during the 1930s.[51] These were acquired using capital accumulated from fishing in the prosperous earlier decades of the century. The Sea Fisheries Board also provided two bollanders which, together with the motor-powered vessels, made possible the exploitation of herring, a course of action which had been advocated by the Congested Districts Boards as early as 1890. With motor boats, superior tackle and a curing station, the Tory fishermen were now in a better position than ever before to take full advantage of the abundant supply of fish in the seas

praiticiúla seo bhí tarraingt chorraitheach ag an churach a léirítear i gceol agus i bhfilíocht an oileáin. Bhí go leor piseog agus tabúnna a bhain leis an churach. Chreidtí go leanfadh mí-ádh thú dá gcuirfeá amach chun na farraige i ndiaidh rud éigin dearg a fheiceáil. Bhí sé iontach olc dá gcasfaí bean rua ort. Bhí cuid de na hoileánaigh den bharúil fiú nach raibh sé sábháilte siúl idir bean rua agus na beanna. Leis an drochádh a ruaigeadh agus le cosaint ar na heiliminrí a iarraidh cheanglaítí málaí beaga d'úir Thoraí le taobh na gcurach.

Ag tús na fichiú haoise tugadh Toraigh isteach i ngnáthshaol na hÉireann nuair a cheannaigh Bord na gCeantar Cúng an t-oileán.[49] Thug an Bord airgead láithreach bonn leis an iascaireacht a fhorbairt agus tógadh neart geolt le hadhmad a tugadh isteach. Fuarthas chomh maith báid mhóra seoil agus rámha faoi choinne iascaireacht scadán. Chomh maith leis sin thóg Bord na gCeantar Cúng cé agus sleamhnán ag an Bhaile Thiar mar nach raibh na seanphoirt chomh maith céanna do na soithí úra a bhí níos troime agus níos deacra a ionramháil. Fad agus a d'úsáid na hoileánaigh an soitheach traidisiúnta, an churach, faoi choinne iascaireachta, ní thiocfadh an iascaireacht a fhorbairt i gceart mar ba bheag an úsáid a bhí sa soitheach beag canbháis faoi choinne iascaireacht na mara móire agus ní thiocfadh leis an port a fhágáil le doineann. Leis na háiseanna nua bhí Toraigh réidh le toiseacht a iascaireacht ar bhonn tráchtála den chéad uair riamh.

Ba é an chéad chéim a ghlac an Bord nuair a thosaigh an obair i gceantair chúnga na hÉireann ná stáisiún saillte a oscailt thart ar an chósta leis an iascaireacht a spreagadh. Sula raibh áit saillte i dToraigh cuireadh amú go leor éisc agus b'éigean iad a chaitheamh amach san fharraige nuair nach dtiocfadh an Fál Carrach a bhaint amach de thairbhe doininne. Nuair a bunaíodh an stáisiún thosaigh iascaireacht fhuinniúil ar an oileán le suas le hocht mbád ag obair agus foireann d'ochtar nó naonúr in achan bhád. Caithfidh sé gur chuir seo isteach ar líon na bhfear i dToraigh nó sa daonáireamh i 1901 léiríodh nach raibh ach ochtó fear idir 15 agus 64 ar an oileán. Bhíodh mná fostaithe ag scoilteadh agus ag sailleadh scadán sa stáisiún saillte. Bhí an córas clann a d'fhás le haighneas faoi oidhreacht talaimh a réiteach tábhachtach ó thaobh socrú foireann báid de chomh maith. Bhí foireann déanta suas de ghaolta i gclann.[50] Ach bhí sé tábhachtach go mbeadh daoine nach raibh muinteartha ann fosta; de thairbhe nach raibh go leor fear ann b'éigean daoine ó thaobh amuigh den chlann a fhostú chomh maith. Tháinig cuid de na báid iascaireachta ó thógálaithe bád i nDoire agus i Magh Bhile ach ba ghairid go bhfuair na hoileánaigh amach go raibh siad féin breá ábalta báid níos fearr a thógáil ag brath ar a gcuid scileanna féin ó bheith ag tógáil curach.

Tugadh báid innill iascaireachta isteach chun an oileáin i rith na 1930í.[51] Fuarthas iad le hairgead a rinneadh ó iascaireacht sna blianta rathúla níos luaithe sa chéad. Thairg Bord Iascaigh Mhara dhá bholandar, agus leis na báid innill d'fhág sin go dtiocfadh iascaireacht iomlán scadán a dhéanamh, rud a bhí á mholadh ag Bord na gCeantar Cúng chomh luath le 1890. Leis na báid innill agus sárthrealamh agus stáisiún saillte, bhí iascairí Thoraí réidh le leas a bhaint as an fhlúirse éise san fharraige thart ar Thoraigh. Chuir an Rialtas arís le cuid na n-iascairí nuair a tógadh trealamh poirt níos fearr. Tharla sé ar an drochuair gur laghdaigh líon an éisc agus an margadh i rith na 1930í, agus fágadh go leor iascairí gan obair.

around the island. The Government further enhanced the lot of the fishing community by providing improved landing facilities. By an unfortunate coincidence, both the supply of herring and the fish market declined during the 1930s, and many fishermen became unemployed.

Redundancy in the fishing industry was also caused by the use of power-driven boats, which did not require oarsmen like the older vessels. Crews, reduced to half the number required for sailing boats, were once again recruited in the traditional manner; no longer was there a need to include unrelated persons and crews were selected from among immediate relatives.

After World War II there was renewed interest in fishing, but the emphasis changed to lobster fishing, and soon the income derived from lobsters surpassed that of all other types of fish. In the 1970s, 1,500 dozen were caught each summer between Tory and the mainland. In spite of the high capital investment, the return from lobster fishing, £13 to £15 per dozen, was more remunerative than from other forms of fishing as it did not entail long periods of activity at sea. Only two visits were needed each day to inspect pots, which were generally located at a convenient distance from the island. High investment in lobster fishing could be precarious as winter gales were prone to damage and wash away pots, lines and floats. The islanders were not always able to renew their tackle, and they were frequently forced to seek loans to help replace damaged equipment.

Lobster fishing encouraged the evolution of a migratory labour pattern in which men spent the winter months labouring in England and Scotland.[52] This pattern allowed Tory to retain tenuous links with its manpower resources as the migrants returned to the island in summer months to participate in lobster fishing. Not all members of the lobster fishing crews departed for work in Britain: generally one member of each crew remained on Tory during the winter months to care for the boats and gear. The clann system also assisted the growth of this form of emigration as members of the clann, who had settled on the British mainland, provided a base from which migrants could search for employment and accommodation. During the 1990s the lobster/migrant labouring pattern has broken down for a number of reasons. In the first place the supply of lobsters seems to be on the decline due to intensive fishing off the coast of Tory, particularly by Spanish trawlers. Furthermore Tory boats actively engaged in fishing find it difficult to compete with the larger vessels operating from Downings and Burtonport.

With the collapse of the fishing industry Tory's boats now stand proudly on the shore and rarely venture out to sea. In recent years only one or two boats have been actively engaged in fishing and a large proportion of fish for domestic consumption is brought from the mainland.

Shore Collection

Shore collection was another important activity. Many different varieties of seaweed grew around the coast of Tory, but the main distinction was made between black and red seaweed. The red seaweed was potentially more valuable and was used for the manufacture of kelp. Vast tonnages were gathered each year in spring, and kelp became the island's principal cash crop. Kelp-burning began in the west of Ireland around 1700 in response

Cailleadh poist sa tionscadal iascaireachta fosta de thairbhe nach raibh rámhaithe de dhíth ar na báid innill mar a bhíodh ar na soithí is sine. Nuair nach raibh de dhíth ach leath na foirne a bhíodh de dhíth do bhád seoil, cuireadh foirne le chéile arís sa dóigh thraidisiúnta; ní raibh gá le daoine nach raibh muinteartha níos mó agus roghnaíodh foirne ó ghaolta na clainne.

I ndiaidh an dara cogadh domhanda músclaíodh suim nua san iascaireacht ach bhí an bhéim anois ar ghliomaigh agus go luath bhí níos mó airgid le déanamh as iascaireacht gliomach ná mar a bhí as iascaireacht ar bith eile. Sna 1970í beircadh ar 1,500 dosaen achan samhradh idir Toraigh agus an tír mór. Ainneoin an infheistíocht mhór airgid, bhí an brabach ó iascaireacht gliomach, idir £13 agus £15 an dosaen, i bhfad níos fearr ná na cineálacha eile iascaireachta mar nach raibh gá le ham fada a chaitheamh ar an fharraige. Ní raibh de dhíth ach dhá thuras sa lá le hamharc ar na potaí gliomach agus bhíodh siad suite, de ghnáth, gar don oileán. Bhí contúirt leis an infheistíocht mhór seo in iascaireacht gliomach nó dhéantaí go leor damáiste do photaí gliomach, rópaí agus baoithe le linn stoirmeacha geimhridh. Ní raibh an t-airgead ag na hoileánaigh i gcónaí le trealamh úr a cheannach agus b'éigean dóibh iasachtaí a iarraidh le cuidiú leo trealamh nua a fháil in áit na rudaí a bhí briste.

Chuidigh an iascaireacht gliomach leis an phatrún spailpínteachta a fhorbairt ina gcaitheadh na fir míonna an gheimhridh ag obair i Sasana agus in Albain.[52] Leis sin bhí Toraigh ábalta ceangail a choinneáil le líon na bhfear nó d'fhilleadh na hoibrithe go dtí an t-oileán i rith an tsamhraidh le cuidiú leis an iascaireacht gliomach. Ní imeodh na hiascairí uilig anonn chun na Breataine a obair; ba ghnách le duine amháin den fhoireann fanacht i dToraigh i rith an gheimhridh agus aire a thabhairt don bhád agus don trealamh. Chuidigh córas na gclann leis an chineál seo imirce fosta nó bheireadh baill den chlann a bhí socraithe thall sa Bhreatain áit d'imircígh óna dtiocfadh leo fostaíocht agus lóistín a chuardach. I rith na 1990í bhris an patrún iascaireachta / spailpínteachta seo síos ar chúpla fáth. Sa chéad dul síos is cosúil nach bhfuil na gliomaigh chomh fairsing agus a bhí de thairbhe ró-iascaireachta amach ó cósta Thoraí, go háirithe iascaireacht na dtrálaeirí Spáinneacha. Chomh maith leis sin tá sé deacair ag báid Thoraí dul i gcomórtas leis na soithí móra atá ag iascaireacht as na Dúnaibh agus as Ailt an Chorráin.

Le meath na hiascaireachta, luíonn báid Thoraí go bródúil ar an chladach agus is annamh a chuireann siad chun farraige. Le cúpla bliain anuas níl ach bád nó dhó ag iascaireacht agus tagann an chuid is mó den iasc a itear isteach ón tír.

Cnuasach cladaigh

Gníomhaíocht thábhachtach eile ba ea an cruinniú cladaigh. D'fhás neart cineálacha éagsúla leathaigh thart ar chósta Thoraí ach dhéantaí idirdhealú idir leathach dubh agus scáth bhuí. D'fhéadfadh an scáth bhuí bheith níos luachmhaire agus chruinnítí í faoi choinne ceilp a dhéanamh. Chruinnítí méid millteanach achan bhliain san earrach agus bhí sí ar mhórfhoinsí airgid an oileáin. Thosaigh dó ceilpe in Iarthar na hÉireann thart ar 1700 de bharr an éilimh ar na torthaí éagsúla a tháinig aisti – íodaíd faoi choinne íodáin a dhéanamh; sóid a d'úsáidtí i ndéanamh gloine agus sópa agus i dtuar lín; potais faoi choinne dathanna a dhéanamh; sailpíotar faoi choinne púdar gunna.[53]

Collecting bait on the shore
Cnuasach cladaigh

Right
Table 3
Tory Island
– Kelp Production

to a demand for its various constituents – iodides for the production of iodine; soda for use in glass and soap-making, and in the bleaching of linen; potash for the manufacture of dyes; and saltpetre for gunpowder.[53]

Tory kelp was considered better than that of the mainland as it was made from larger seaweed. After the seaweed had been gathered in heaps and spread out on the ground to dry in the sun, it was built into large stacks and raised off the ground to let the air circulate underneath. A pit was then dug in the sand, or a stone kiln was formed and burning turf and seaweed were placed within it. As fast as the weed was reduced to liquid, fresh supplies were thrown in. After allowing it to harden, it was broken into squares and sold to local traders. In 1848, a single manufacturer at Rathmullan expended nearly £2,000 purchasing some 800 tons of kelp at £2.10s.0d per ton on Tory.[54] This seems to have been the period of peak production. The tonnage of kelp manufactured was to decline in subsequent years as the reward was regarded as insufficient for the amount of labour involved; the burning process alone taking twenty-four hours of constant vigilance. Throughout the 1850s production declined and the output ranged from 120 to 180 tons (*see Table 3 below*).

Production was maintained at this level throughout the nineteenth century. During the period 1894 to 1896, 130 tons of kelp were manufactured each year at prices ranging from £3.10s.0d to £4.15s.0d per ton.[55]

The black seaweed was used as a fertiliser. It was harvested from the sea with a rake or a hook and loaded into creels. The seaweed was spread out to dry in the sun after which it was made into small ricks, only then was it ready to spread over the land. Seaweed was supplemented by manure from the middens, which were located near each dwelling house. The manure was carried to their holdings in creels by donkeys and horses.

The sea has pervaded the rhythms of life on Tory over the centuries, and particularly so during the twentieth century when fishing assumed primacy over work on the land. Fishing affected the very structure of island life for a fisherman had a daily and seasonal routine, which could not be varied. With the decline of fishing, the island community lacks the disciplines imposed by fishing and the sea.

Year	Tonnage	Proceeds
1851	120	£480
1852	174	£768
1853	186	£649
1854	165	£702
1855	148	£555
1856	180	£720
1857	152	£902

Figures from the Report from the Select Committee on Destitution,
Gweedore and Cloughanelly (House of Commons, 1858), 348.

Bhí clú níos fearr ar cheilp Thoraí ná mar a bhí ar chuid na tíre nó b'as leathach is mó a dhéantaí í. Nuair a bhíodh an leathach cruinnithe ina chnapáin agus é spréite amach ar an talamh le triomú faoin ghrian thógtaí i gcruacha móra é agus tógadh den talamh é sa dóigh go ligfí don aer dul faoi. Thógtaí poll ansin sa ghaineamh nó áith chloch agus chuirtí móin lasta agus leathach istigh ann. Chomh gasta agus a bhíodh an leathach ag imeacht ina leacht chuirtí isteach tuilleadh. Nuair a chruadh sé bhristí ina chearnóga é agus díoltaí leis na ceannaithe áitiúla é. I 1848 chaith déantóir amháin i Ráth Maoláin chóir a bheith £2000 ag ceannach 800 tonna ceilpe ag £2.10s.0d an tonna i dToraigh.[54] Tá an chosúlacht air gur sin an t-am ba mhó ráchairt. Bhí tonnáiste na ceilpe le titim sna blianta ina dhiaidh sin nó shíltí nárbh fhiú an saothar an luach; ghlacadh an dó féin ceithre huaire is fiche de choimhéad gan staonadh. Le linn na 1850í thit an táirgeadh agus rinneadh idir 120 agus 180 tonna (*féach tábla 3*).

Lean an táirgeadh ar aghaidh ag an leibhéal seo i rith an naoú céad déag. Idir 1894 agus 1896, rinneadh 130 tonna ceilpe achan bhliain agus díoladh ar luachanna ó £3.10s.0d go £4.15s.0d an tonna í.[55]

Bliain	Tonnáiste	Fáltas
1851	120	£480
1852	174	£768
1853	186	£649
1854	165	£702
1855	148	£555
1856	180	£720
1857	152	£902

Figiúr ó Thuairisc an Roghchoiste Bochtaineachta, Gaoth Dobhair agus Cloch Cheann Fhaola (Teach na dTeachtaí, 1858), 348

Baineadh úsáid as leathach dubh mar leasú. Thógtaí ón fharraige é le ráca nó crúca agus chuirtí isteach i gcléibh é. Spréití an leathach faoin ghrian le triomú agus ina dhiaidh sin chuirtí i gcruacha beaga é, agus ansin spréití ar an talamh é. Chuirtí aoileach leis ó na cairn a bhíodh taobh le achan teach. Thugtaí an aoileach go dtí na gabháltais i gcléibh ar asal nó ar bheathach.

Tá an fharraige fite fuaite fríd an saol i dToraigh thar na blianta agus go háirithe le linn na fichiú haoise nuair a bhíodh an iascaireacht ní ba thábhachtaí ná an fheirmeoireacht. Théadh an iascaireacht i bhfeidhm ar struchtúr shaol an oileáin fiú nó bhíodh rudaí le déanamh go laethúil agus go ráithiúil nach dtiocfadh a athrú. Le meath na hiascaireachta níl an smacht a chuireadh an iascaireacht agus an fharraige ar an phobal ann níos mó.

Boats at anchor, West Town
Báid ar ancaire, Baile Thiar

Tábla 3
Oileán Thoraí
tairgeadh ceilpe

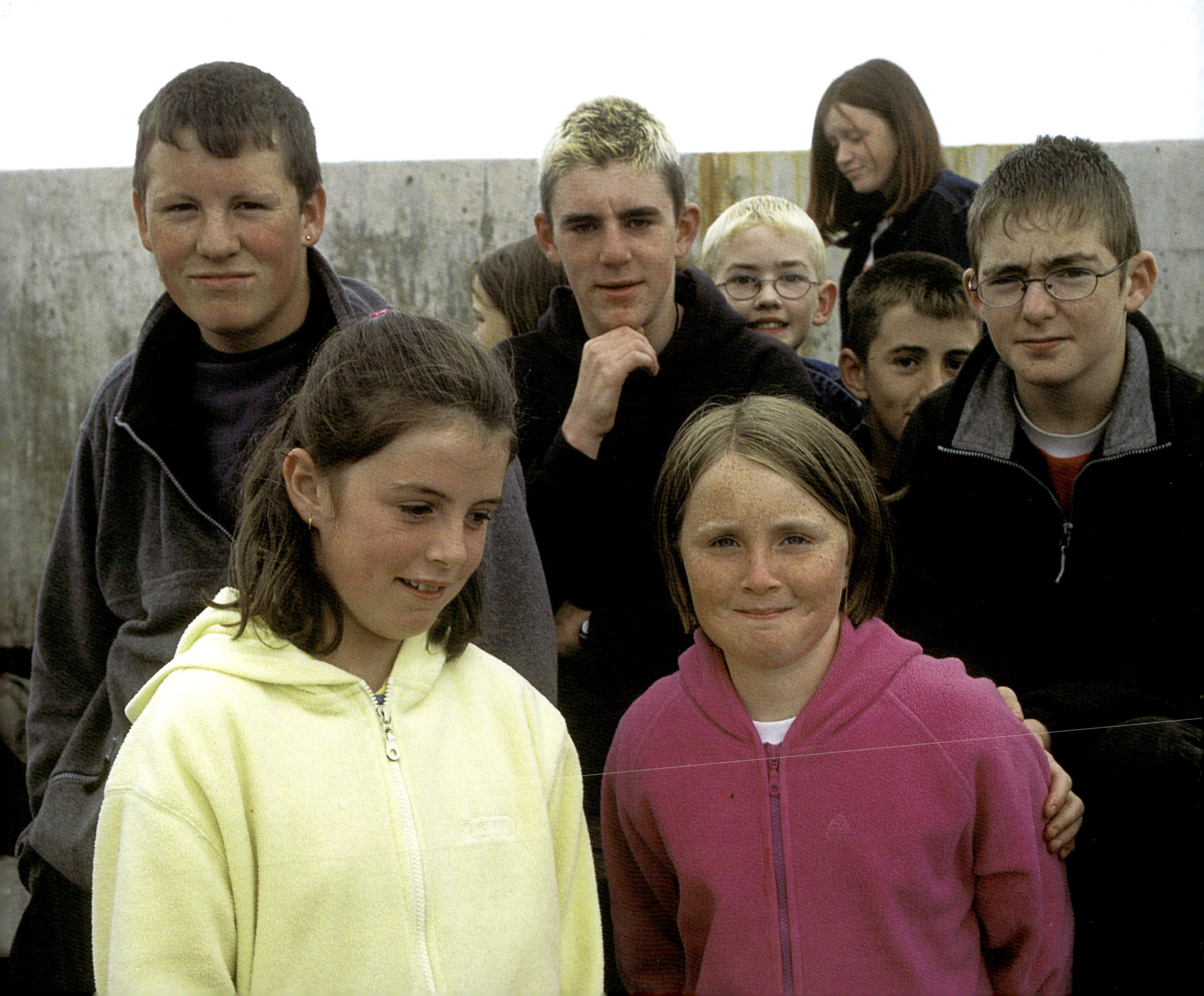

The People
Na Daoine

Tory's youth   An tAos Óg, Toraigh

Myths

For man, this remote and desolate island threatened by the claims of the sea posed more difficulties than the more sheltered parts of the mainland. We can understand however the advantages that attracted him to Tory. The island provided a safe retreat as well as a base for raiding the mainland.

We have to depend on vernacular evidence to construct a picture of the earliest inhabitants of Tory. The Leabhar Gabhála, commonly known as the Book of Invasions, tells of waves of invaders arriving in Ireland. Tory features prominently in these myths supporting the thesis that the island has been populated since earliest times.

Tory provided a base for the earliest inhabitants, a strange race of cruel people known as the Fomorians, who were attracted to the island because it provided an impregnable fortress for their piratical activities. From Tory they harried the rest of Ireland and attacked the next wave of invaders led by Partholan. The Partholans were wiped out by the plague, but the Fomorians survived in their island stronghold.

Balor, an artist's impression
Balor: Samhail ealaíontóra

After the demise of the Partholans, the Nemedians invaded Ireland. The Fomorians were to extract a crushing tribute from these invaders – two-thirds of all their milk, two-thirds of their corn and two-thirds of their children. In desperation the Nemedians rose against their oppressors. A famous struggle between the Fomorians and the Nemedians took place at Port Doon. John O'Donovan tells us that 'they fought so furiously that they felt not the tide flowing around them and they continued to fight until they were swept away by the sea'. The Nemedians were annihilated and only the crew of one boat consisting of thirty men survived; one half of the crew escaped to Greece and the other to the 'north of the world'.[56]

It is from the remnants of the Nemedians that the next two invasions derived. Those who went to Greece multiplied and returned to Ireland as the Firbolgs. They were soon challenged by the Tuatha Dé Dana, the descendants of those who escaped to the northern world, and who had become skilled in the arts of druidism and magic. The Danaans were regarded as a race of divine beings and they brought with them four powerful talismans: the Stone of Fal, which cried out at the touch of the rightful King; the spear of Lugh, which guaranteed victory; the sword of Nuadhu, from which none escaped; and the cauldron of Daghda, from which no one departed unsatisfied.[57]

With an armoury of magical weapons the Tuatha Dé Dana soon gained supremacy over the Firbolgs, but they were compelled to do battle with their ancient adversaries, the Fomorians of Tory Island. It was Lugh who persuaded his leader, Nuadha, to resist the Fomorians and he orchestrated the military campaign, which led to their rout. He himself slew the formidable Balor of the Evil

Finscéalta

Don duine, chruthaigh an t-oileán iargúlta dearóil seo, faoi bhagairt ionsaithe na farraige, chruthaigh sé níos mó deacrachtaí ná mar a chruthaigh na háiteanna is mó foscadh ar an tír. Ar an taobh eile de, áfach, is furasta na buntáistí a mheall go Toraigh é a aithint. Bhí cró folaigh ann, chomh maith le bunáit óna ndéanfaí ruathair chun na tíre.

Caithfidh muid bráth ar fhianaise dhúchasach le pictiúr a chur le chéile de chéad chónaitheoirí Thoraí. Déanann Leabhar Gabhála cur síos ar thonnta d'ionróirí ag sroicheadh na hÉireann. Tá Toraigh go minic sna finscéalta seo rud a chuireann leis an bharúil go raibh cónaí i dToraigh ó thús ama.

Bhí Toraigh mar bhaile ag na chéad chónaitheoirí, dream aisteach de dhaoine cruálacha a dtugtaí na Fomhóraigh orthu a mealladh chun an oileáin mar go dtug sé dún do-ionsaithe dóibh dá gcuid píoráideachta. As Toraigh chreach siad an chuid eile d'Éirinn agus d'ionsaigh siad an chéad ghrúpa eile ionsaitheoirí a tháinig faoi cheannaireacht Phartaláin. Scriosadh na Partalánaigh ag an phlá ach tháinig na Fomhóraigh slán ina ndún oileáin.

I ndiaidh bhás na bPartalánach tháinig na Néiméidí go hÉirinn. D'éirigh leis na Fomhóraigh cáin throm a bhaint de na hionróirí seo – dhá dtrian dá gcuid bainne, dhá dtrian dá gcuid arbhair agus dhá dtrian dá gcuid páistí. Le teann éadóchais, d'éirigh na Néiméidí amach in éadan lucht a n-ansmachta. Tharla coimhlint chlúiteach idir na Fomhóraigh agus na Néiméidí thoir ag Port an Dúin. De réir Sheáin Uí Dhonnabháin throid siad chomh fíochmhar sin nár mhothaigh siad an lán mara ag teacht isteach thart orthu agus lean an troid gur síobadh ar shiúl iad. Díothaíodh na Néiméidí agus níor tháinig slán ach foireann tríocha duine as bád amháin; d'éalaigh leath na foirne go dtí an Ghréig agus d'imigh an leath eile go 'Tuaisceart an Domhain'.[56]

Is ó na grúpaí seo a tháinig an chéad dá ionradh eile. Mhéadaigh siad siúd a chuaigh go dtí an Ghréig agus d'fhill arís go hÉirinn mar Fhir Bholg. Chuir Tuatha Dé Danann, clann na ndaoine a d'éalaigh ó Thuaidh agus iad anois eolach ar dhraíocht agus ar asarlaíocht, chuir siad troid orthu go luath. Chreidtí gur cine diaga iad agus thug siad leo ceithre bhuachloch chumhachta mar atá: Lia Fáil a ligeadh scread aisti nuair a leagfadh an rí cóir lámh uirthi; sleá Lugh a dhéanfadh cinnte go mbeadh an bua agat; claíomh Nuadha nach n-éalódh aon duine uaidh; agus coire Dhaghda, a shásódh a mblaisfeadh de.[57]

Leis an armlann seo fuair Tuatha Dé Danann an lámh in uachtar ar na Fir Bholg go luath ach b'éigean dóibh troid a dhéanamh in éadan a sean-naimhde, Fomhóraigh Thoraí. Ba é Lugh a chuir ina luí ar a cheannaire, Nuadha, gur chóir dóibh dul i ngleic leis na Fomhóraigh agus ba é a d'eagraigh an feachtas míleata a chuir an ruaig orthu. Ba eisean a mharaigh Balor scanrúil na súile nimhe, a athair mór féin. Sheas Balor d'fhórsaí diúltacha na hurchóide nach dtiocfadh a chur ó éifeacht ach le cumhacht solais Lugh. Ar feadh na mblianta d'éirigh go geal le córas na dTuath gan aon duine ag cur ina éadan agus rinne na Ceiltigh Éireannacha déithe de na cinnirí. Sa deireadh d'imigh siad chuig suímh réamhstairiúla agus liosanna, réidh le cuidiú arís am éigin sa todhchaí.

Téann an chéad fhianaise sheandálaíoch go raibh cónaí ar dhaoine ar an oileán chomh fada siar le 2500 R.Ch. nuair a tháinig na feirmeoirí neoiliteacha. Léiríonn léarscáil na Suirbhéireachta Ordanáis do 1910 go raibh dolmáin taobh thoir den Bhaile Thiar. Déanann Getty, a thug cuairt ar an oileán i lár an naoú céad déag,

Eye, the leader of the Fomorians, who was his own grandfather. Balor represented the negative forces of evil whose power could only be neutralised by the light-force of Lugh. For many years the Danaan regime prospered, and was unchallenged and their leaders became the gods of the Irish Celts. They eventually retired to prehistoric sites and fairy mounds, ready to be of service at some future date.

Lugh slays Balor
an artist's impression

Lámh in uachtar ag Lugh ar Bhalor

The first archaeological evidence of human occupation on Tory dates from around 2500 BC with the arrival of Neolithic farming stock. The 1910 Ordnance Survey map shows a dolmen to the east of West Town. Getty, who visited the island in the middle of the nineteenth century, noted the presence of a dolmen on the high ground behind West Town.[58] Unfortunately this tomb was demolished to provide building material for the wall surrounding the lighthouse. According to the islanders, the two horses, which carried the stones, died shortly after the task had been completed. Contemporaneous with the dolmen are the lines of stones representing the boundaries of the fields, which Crumlish discovered at the eastern end of the island.[59] Lacy suggests that these boundaries are pre-turf and were only revealed when the peat was cut away for use as fuel.[60] Similar Neolithic fields dating back to 2000 BC have been detected at the western end of the island. Orme suggests that these self-sufficient farmers may have lived in simple farm clusters and held their land in surrounding open fields.[61] These farmers would have appointed a Rí or King, who would have been asked to settle any disputes as to the inheritance of land. There seems to be little doubt that the present day nucleated settlement pattern and the island's social order were laid down in Neolithic times.

The Iron Age is also well represented on Tory, both in terms of archaeology and mythology. There is an early Iron Age fort at the eastern extremity of the island which dates from 700 BC (*see Map 9 on page 66*). This fort, known as Balor's Fort, is defended naturally on three sides by cliffs 300 feet in height, and on the landward side by four massive earthen banks. Inside the defences are the remains of fifteen circular hut-sites, one of which was partially dug by Sidebotham in 1978.[62] There is also a sub-circular stone enclosure built along the cliff face, which was used as a lookout. The Iron Age represents the flowering of Celtic culture in Ireland. However, the Celts left no written records of their achievements, and on Tory only the tales of Balor remain to provide us with an insight into their way of life. Oral

déanann sé tagairt do dholmain ar thalamh ard taobh thiar den Bhaile Thiar.[58] Ar an drochuair leagadh an tuama seo le hábhar tógála a sholáthar don bhalla a théann thart ar theach an tsolais.

Dar leis na hoileánaigh go bhfuair an dá chapall a d'iompair na clocha bás go gairid i ndiaidh don obair bheith curtha i gcrích. Ar comhaois leis na dolmaíní tá na línte clocha a chuireann claí críche in iúl a d'aimsigh Crumlish ar an cheann thoir den oileán.[59] Tá Lacy den bharúil go bhfuil na claíocha seo níos sine ná an portach agus nár nochtadh iad gur baineadh an mhóin mar ábhar tine.[60] Aimsíodh páirceanna den chineál chéanna ar an cheann thiar den oileán chomh maith. Dar le Orme go mb'fhéidir go raibh na feirmeoirí neamhspleácha seo ina gcónaí i gcloigín feirmeacha beaga agus go raibh a gcuid talaimh i gcuibhrinn oscailte thart orthu.[61]

Bhíodh rí tofa ag na feirmeoirí seo le deireadh a chur le conspóidí maidir le hoidhreacht dúiche. Is cosúil gur bunaíodh patrún cnuasta lonnaithe an lae inniu agus eagar sóisialta an oileáin san aimsir neoilitech.

Tá iarsmaí ón Iarannaois go forleathan i dToraigh idir sheandálaíocht agus mhiotaseolaíocht. Tá dún ón luath-Iarannaois ar an cheann thoir den oileán a théann siar go dtí 700 R.Ch. (*Féach léarscáil 9 ar leathanach 66*). Tá cosaint nádúrtha ag an dún seo, a dtugtar Dún Bhaloir air, mar go bhfuil beanna atá 300 troigh ar airde ar thrí thaobh de agus ceithre chlaí ollmhóra créafóige ar an taobh intíre de. Taobh istigh de na claíocha seo tá iarsmaí de chúig cinn déag de bhothóga ciorclacha ann agus rinne Sidebotham obair thochailte ar cheann acu i 1978.[62] Chomh maith leis sin tá claí cloiche fochiorclach ar aghaidh na binne a mbaintí úsáid as mar shuí faire. Ba san Iarannaois a d'fhás cultúr na gCeilteach in Éirinn. Ach níor fhág na Ceiltigh taifead scríofa de na rudaí a chuir siad i gcrích agus ar Thoraigh níl ann ach scéalta Bhaloir le léargas a thabhairt dúinn ar an saol a bhí acu. De réir an tseanchais ba cheannaire cadránta foghlaithe mara é Balor, a bhí ar leathshúil. Scanraigh sé na hoileánaigh, ag goid bia uathu gan cúiteamh, agus chreach sé a oiread soithí a bheadh ag seoladh thart go raibh sé ábalta naoi dtonna óir a chur i dtalamh cóngarach dá dhún. Le nach dtiocfadh an tuar faoin tairngreacht draíochta go maródh a gharmhac féin é, choinnigh Balor a aon iníon, Eithne, faoi ghlas gar don dún. I ngan fhios do Bhalor, rug Eithne mac, darbh ainm Lugh, agus mharaigh Lugh a sheanathair fá dheireadh thiar thall. Tá leagan níos daonna ag na hoileánaigh de na scéalta seo ná mar atá ag lucht miotaseolaíochta. Léirítear é mar sheanduine

Tory Island's promontory fort
An Dún

Map 9
Tory Island's promontory fort

Léarscáil 9
An Dún

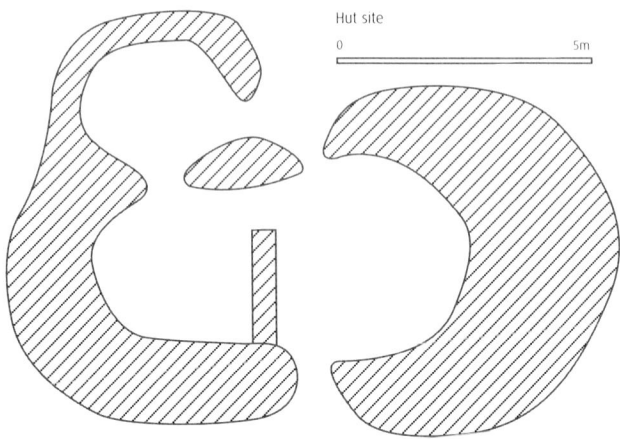

tradition tells us that Balor was a cruel pirate king with one eye. He terrified the islanders, took food from them without giving compensation, and robbed passing ships so successfully that he was able to bury nine tons of gold somewhere near his fort. Balor kept his only child, Eithne, imprisoned near the fort to prevent the fulfilment of a Druid prophecy that he would be killed by his grandson. Unbeknown to Balor, Eithne bore a child called Lugh, who eventually slaughtered his grandfather. The islanders interpret the stories of Balor in a more humane way than students of mythology. They see him as a sad old man whose daughter Eithne produced an illegitimate child. His only crime, according to the islanders, was to protect his daughter and to suffer death at the hands of his grandson for such a petty offence was altogether a most 'unfortunate' affair.

Hundreds of years passed and myths were replaced with written history. In the sixth century, St Colmcille brought Christianity to the island and built a monastery with seven small chapels. In this respect Tory resembles other islands along the western seaboard, where the harsh environment seems to have offered attractions to an ascetic way of life. There are several ecclesiastical remains from the early Christian period, the most ancient being the Church of the Seven. Colmcille endowed the clay of a grave at the church with magical properties, such as the power to ward off vermin and to protect fishermen whilst at sea.[63] More visually striking, but of later vintage, is the round tower which dominates the approaches to West Town. When Getty undertook excavations around its base in 1843 his finds included broken pottery, pieces of querns, and sheep and whale bones.[64] The tower was probably built as a bell tower to call the faithful to church and, at a later

brónach a raibh páiste gréine ag an iníon, Eithne. Ní chuireann na hoileánaigh ach an t-aon choir amháin ina leith, gur ghoid sé bó bhán ó Inis Bó Finne; ba mhór an trua go gcaithfeadh a gharmhac féin é a mharú de thairbhe mionchoire den chineál.

D'imigh na céadta bliain agus in áit na bhfinscéalta tháinig an stair scríofa. Sa séú haois thug Naomh Colm Cille an Chríostaíocht go dtí an t-oileán agus thóg sé mainistir le seacht séipéal. Tá Toraigh cosúil le hoileáin eile ar an chósta thiar sa dóigh gur cosúil gur thairg an suíomh crua beatha diantréanach. Tá go leor iarsmaí eaglasta ó ré na luath-Chríostaíochta ann, an ceann is ársa acu ná Teampall an Mhórsheisir. Bhronn Colm Cille tréithe draíochta ar úir uaighe ag an Teampall sa dóigh go gcuirfeadh sí cosc ar luchóga móra agus go gcosnódh sí iascairí ar an fharraige.[63]

Tá an túr atá suite i lár an Bhaile Thiar níos feiceálaí, ach níl sé chomh haosta céanna. Nuair a thosaigh Getty ag tochailt faoina bhun in 1843 tháinig sé ar ghiotaí de photaireacht agus de bhrónna chomh maith le cnámha péisteanna agus caorach.[64]

Is dócha gur tógadh an túr mar chloigtheach le pobal Dé a ghairm go teach an Phobail, agus ina dhiaidh sin le hionsaithe na Lochlannach a fhógairt. Théadh baill den phobal naofa isteach sa túr agus a gcuid lámhscríbhinní agus soithí naofa leo ag iarraidh dídine le linn na ruathar seo. Is é an Tau nó an T-Chros, a sheasann gar don ché ar an Bhaile Thiar, an taise is suntasaí ó ré na luath-Chríostaíochta. Níl ach dhá chros den chineál seo in Éirinn, tá an ceann eile i gCill an Átha Buí, Co. an Chláir. Creidtear gur cros tearmainn a bhí inti ag críoch mhainistir Naomh Colm Cille. De réir taighde nua is féidir go ndeachaigh na Coptaigh, a d'éalaigh ó ghéarleanúint san Éigipt agus a rinne cónaí ar Oileáin Árann thart faoi AD 200, go ndeachaigh siad i bhfeidhm ar chruth na croise. Tá an T-chros iontach cosúil i gcuma le bachall de chuid na gCoptach. Thiocfadh Toraigh faoi thionchar na misinéirí Coptacha sa tríú céad.[65] Bhí tábhacht faoi leith ag baint leis an chros seo do na hoileánaigh riamh anall, go háirithe dóibh siúd a chuaigh chun na farraige i soithí sobhriste. Chuir siad paidir le Dia go dtiocfaidís slán abhaile agus iad ag dul thart leis an chros ar an bhealach síos go dtí na báid.

Tá taisí go leor eile den ré luath-Chríostaíochta ar fáil ar an oileán. Taobh leis an chloigtheach tá Ula Eoin Baiste, cnuasach de ghiotaí de chrosa ársa, clocha inscríofa agus bró. Deirtear gur clocha Aifrinn cuid de na taisí agus go mb'fhéidir gur baineadh úsáid as ceann de na clocha cuasacha le huisce coisricthe a choinneáil.[66] Tugadh cuid mhór páistí isteach ón tír lena mbaisteadh nó lena

The Round Tower at West Town

An Cloigtheach ar an Bhaile Thiar

date, to give warnings of Viking attacks. Members of the religious community would have taken refuge with their sacred vessels and manuscripts in the tower during such incursions. The most distinctive early Christian relic is the Tau or T-Cross, which stands close to the pier at West Town It is one of only two such crosses in Ireland, the other being in Killinaboy, Co Clare. The cross is believed to have served as a Termon cross marking the boundary of St Colmcille's monastery. Recent research suggests that the shape of the cross may have been influenced by the Coptic Christians, who left Egypt to escape persecution and settled in the Aran Islands around AD200. The T-cross bears a striking resemblance to a Coptic crozier or staff. Tory would have come under the influence of Coptic missionaries in the third century.[65] The cross has always been of special importance to the islanders, especially the fishermen who ventured out to sea in frail crafts. They offered a prayer for a safe return as they passed the cross on the way to their boats.

A quern stone at St Brigid's Altar

Cloch bhró ar Altóir Naomh Bríd

Several other relics of the early-Christian era are to be found on the island. Alongside the round tower is St John's Altar, which consists of a collection of portions of ancient crosses, inscribed stones and a quern. Some of the relics are said to be mass stones, and one of the hollow stones may have been used as a receptacle for holy water.[66] Many children were brought from the mainland to be baptized or blessed making use of the water from one of the hollow stones. Small items would have been left at the Altar by way of thanksgiving. One islander recognising the value of these items decided to confiscate and take them to sell on the mainland; as he was departing from Tory in his currach a seabird landed on the prow of the vessel and told him to return the stolen goods.

Nearby is St Brigid's Altar complete with three saddle querns, which may be pre-Christian in date. There appears to be a close association between quern stones and early-Christian sites on the island. There is a tradition that quern stones were placed in the foundation of churches as well as in homes to ensure a plentiful supply of food.

Close to the harbour is a graveyard, where the main church of the monastery once stood. Getty found 'an archway of an edifice once of considerable extent' when he visited the island in 1843.[67] No trace of this church is now visible, but several stone items are arranged on an altar built along the wall of the graveyard. The most important of these is a stone-slab the back of which is cemented to the walls.

The scattered remnants of the monastery suggest a considerable sized settlement on the island. The need for self-sufficiency demanded that the monastery became a centre of

gcoisreacan le huisce amach as ceann de na clocha cuasacha seo. D'fhágtaí rudaí beaga ag an ula mar chomhartha buíochais. D'aithin oileánach amháin luach na rudaí seo agus shocraigh sé ar iad a ghoid agus a dhíol ar tír mór; agus é sa churach ag fágáil Thoraí shuigh faoileán ar ghob an bháid agus d'iarr air na rudaí a bhí goidte a thabhairt ar ais.

Cóngarach dó tá ula Naomh Bríd agus a trí bhró, agus tá seans go bhfuil sí ann ón ré réamh-Chríostaí. Tá an chuma air go bhfuil dlúthbhaint idir brónna agus suímh luath-Chríostaíochta ar an oileán.

Tá traidisiún ann go bhfágtaí bró i ndúshraith tithe pobail agus i dtithe lena dhéanamh cinnte go mbeadh bia fairsing.

Cóngarach don chuan tá reilig san áit a mbíodh príomhshéipéal na mainistreach tráth. Tháinig Getty ar áirse d'fhoirgneamh a raibh méid fhiúntach ann tráth nuair a thug sé cuairt ar an oileán in 1843.[67] Níl iarsma ar bith den séipéal seo ann anois, ach tá go leor earraí cloiche leagtha amach ar an ula atá tógtha taobh le balla na reilige. Tá an leac atá greamaithe le suimint don bhalla ar an cheann is tábhachtaí acu seo.

Cuireann iarsmaí scaipthe na mainistreach in iúl go raibh lonnaíocht mheasartha ar an oileán. Le bheith neamhspleách b'éigean don mhainistir bheith ina lárionad curaíochta agus tréadaíochta, ag cur arbhair agus glasraí agus ag tógáil eallaigh agus caorach. Chuirfeadh an cothú seo le cnuasach na farraige agus an chladaigh. Bhí na hoileánaigh oilte i bhfíodóireacht éadach breacáin agus dúradh go mbíodh sé chomh mín sin go bhféadfaí an féar a fheiceáil fríd nuair a leagtaí ar talamh é.[68] Bhí clú ar bhraichleann an oileáin chomh maith agus d'fhástaí acraí eorna le riar don éileamh. I ndiaidh Colm Cille tháinig ab i ndiaidh aba

The early Christian T-Cross
T-chros ó luathré na Críostaíochta

tillage and pastoralism, growing cereals and vegetables, and rearing cattle and sheep. This diet would have been supplemented with products from the sea and the shore. The islanders were skilled in the weaving of bracken cloth which was said to be so fine that when 'left upon the ground the grass could be seen through it'.[68]

The island had also a reputation for its malt, and a considerable acreage of barley would have been grown to satisfy the demand. After Colmcille came a succession of abbots, who enlarged the monastery and repaired the damage caused by frequent attacks from predatory fleets. The Annals of the Four Masters have regular entries of such incursions.[69]

Colmcille's most illustrious successor was St Ernan, who changed the face of the island in the seventh century and realised the grand ideal of the founding saint. Under St Ernan, Tory attained the zenith of its fame.[70] He, in turn, was followed by a series of erenachs, archdeacons and church wardens, who looked after the church property for the Bishop of Raphoe within whose diocese Tory lay. These trustees paid the Bishop seven shillings a year and, among other items, a goodly supply of poteen. Maguire indicates that 'poteen making was a long established and lucrative industry of the islanders' and the Bishop was entitled to receive 'fortie tertian madders of moulte for every balliboe inhabited'.[71] Local historian Seosamh Ó Ceallaigh points out the irony of the fact that the Bishop should receive tribute in the form of poteen for its manufacture was regarded as a 'reserved sin', which could only be considered by a Bishop.

In the Middle Ages Tory became a burial ground for people, who wished to be interred on Colmcille's sacred island. Bodies were brought from as far away as Co. Mayo. They were usually carried on stretchers made of straw. If the seas were rough when they reached Marafagh or Magheraroarty the bodies were buried in the sand dunes to await a good day to take them to Tory. If the storm persisted the bodies were left in the dunes, where from time to time their skeletons have been discovered.[72]

In 1609 the island was annexed in the name of James I at Lifford, in the presence of Sir Arthur Chichester, the Archbishop of Armagh, Sir Thomas Ridgeway, Sir Humphrey Winche, Sir John Daves and William Parsons Esq.[73]

The Civil Survey 1654 to 1656 describes the presence of a garrison of Cromwellian soldiers on Tory. These were commanded by a Governor, who resided in a little castle called the Castle of Tory. The survey indicates that Tory belonged to the co-heirs of Captain John Sandford, deceased, an English protestant, who had leased the island for fifty-eight years from August 1636 from the Bishop of Raphoe. The survey further indicates that one of the co-heirs was 'Mullruny O'Kerall, an Irish Papist'.[74]

Folk memories attribute the destruction of the monastery on Tory to the Cromwellian troops, and record that one soldier, Aindreas N Crosse, attempted to knock down the T-Cross, which bears the marks of his sword to the present day.

Following the destruction of the monastery the islanders appear to have had no place to worship until St Colmcille's Chapel was built in 1857. The Chapel, of neo-Gothic design, has a number of fine stained glass windows including two by Patrick Pollen, which were presented by artist Derek Hill to thank the people of Tory for their generosity and kindness during his visits to the island. Another fine window overlooking the altar was executed by Lady Glenavy; it shows St Colmcille arriving on the

aba a chuir leis an mhainistir agus a chóirigh an damáiste a rinne na soithí creiche. Tá cur síos minic ar an chineál seo creiche in Annála na gCeithre Máistrí.[69]

Ba é an comharba ba cháiliúla a bhí ag Colm Cille ná Naomh Earnán, a d'athraigh cuma an oileáin agus a chuir i gcrích barrshamhail mhór an naomhbhunaitheora. Ba faoi choimirce Naomh Earnáin a bhain Toraigh clú mór amach.[70] Ina dhiaidh siúd tháinig stíobhaird agus ard-deagánaigh agus bardaigh teampaill a d'amharc i ndiaidh mhaoin na hEaglaise d'easpag Ráth Bhoth mar go raibh Toraigh sa deoisc sin. Dhíoladh na hiontaobhaithe seo seacht scillinge sa bhliain leis an easpag chomh maith le soláthar flaithiúil poitín a thabhairt dó. Cuireann Maguire in iúl gur gnó daingean brabúsach a bhí i ndéanamh an phoitín agus go raibh an tEaspag i dteideal 'fortie tertian madders of molte for every balliboe inhabited' a fháil.[71] Léiríonn an staraí áitiúil, Seosamh Ó Ceallaigh, cé chomh híorónta is atá sé go bhfaigheadh an tEaspag poitín mar cháin nuair a glacadh leis gur peaca a bhí i ndéanamh poitín agus gur Easpag a chaitheadh breithiúnas a dhéanamh air.

Sa mheánaois rinneadh reilig de Thoraigh dóibh siúd ar mhian leo bheith curtha ar naomhoileán Cholm Cille. Tugadh isteach coirp ó áiteanna chomh fada ar shiúl le Maigh Eo. De ghnáth is ar shínteáin chocháin a d'iompraítí iad. Dá mbeadh an fharraige tógtha nuair a gheobhadh siad a fhad le Machaire Rabhartaigh, chuirfí na coirp sna dumhcha ag fanacht le lá maith le hiad a thabhairt go Toraigh. Dá leanfadh an doineann d'fhágfaí na coirp sna dumhcha, áit a dtángthas ar chnámharlach ó am go chéile.[72]

Sa bhliain 1609 glacadh seilbh ar an oileán in ainm Shéamas 1 i Leifear i láthair An Ridire Arthur Chichester, ardeaspag Ard Mhacha, An Ridire Thomas Ridgeway, An Ridire Humphrey Winche, An Ridire John Daves agus William Parsons, Uasal.[73] Déanann an tSuirbhéireacht Shibhialta 1654-1656 cur síos ar gharastún de shaighdiúirí de chuid Chromail ar Thoraigh. Bhí gobharnóir ina gceannas agus cónaí air i gcaisleán a dtugtaí caisleán Thoraí air. De réir na suirbhéireachta ba le comhoidhrí an Captaen John Sandford Toraigh. Protastúnach as Sasana é a thóg Toraigh ar léas ó Easpag Ráth Bhoth ar feadh ocht mbliana is caoga ó Lúnasa 1636 amach. Chomh maith leis sin ainmnítear 'Mullruny O'Kerall, pápaire de chuid na hÉireann' ar na comhoidhrí sin.[74]

Sa bhéaloideas tá scrios na mainistreach ar Thoraigh curtha i leith cuid saighdiúirí Chromail agus deirtear go ndearna Andrew N. Crosse, duine de na saighdiúirí, go ndearna sé iarracht an T-chros a leagan agus tá lorg a chlaímh le feiceáil ar an chros go dtí an lá atá inniu ann.

I ndiaidh scrios na mainistreach, ní raibh eaglais ar bith, de réir cosúlachta, ag na hoileánaigh go dtí gur tógadh Séipéal N. Colm Cille sa bhliain 1857. Tá roinnt gloiní daite sa Séipéal seo atá de dhéanamh nua-Ghotach. Rinneadh dhá fhuinneog acu ag Patrick Pollen agus bhronn Derek Hill na fuinneoga seo ar mhuintir Thoraí mar bhuíochas dóibh as chomh cineálta agus chomh fial agus a bhí siad agus é ar cuairt ar an oileán.

Tá gloine bhreá eile os cionn na haltóra a rinne an Bhantiarna Glenavy. Is é ábhar na gloine seo Naomh Colm Cille ag teacht i dtír ar an oileán ar bord curaí. Ar na mallaibh cuireadh deis iomlán

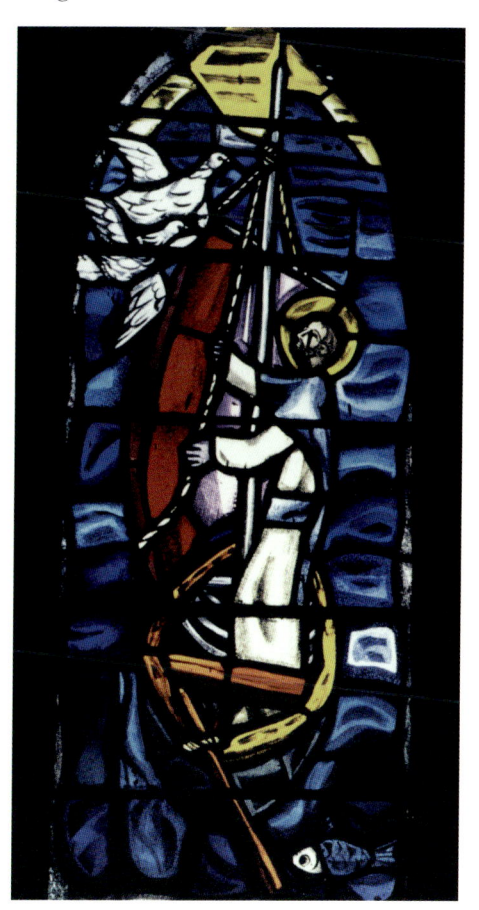

Stained Glass window by Patrick Pollen

Gloine Dhaite le Patrick Pollen

After Mass

I ndiaidh an Aifrinn

island by currach. The church has been completely renovated in recent years by Father Niall O'Neill and Father John Boyce.

Tory was to provide a place of refuge for Covenanters fleeing from the forces of Charles II after the 'Covenanter Rising' had been defeated in central Scotland in 1679. Tory appears to be a strange location for fundamentalist Presbyterians to seek shelter, but it was to here that the Mitchel family sailed in an open boat from Ayrshire to escape the 'Killing Times' in the aftermath of the Battle of Bothwell Brig. There is no record of the number of passengers the boat carried, but they brought with them household goods, some books and some silver teaspoons. One of the spoons is still in the possession of the Mitchel family to the present day.

William Dillon in his *Life of John Mitchel* confirms that the Mitchel family took refuge on Tory and lived there for a considerable time before moving to Dunfanaghy on the mainland. John Mitchel (1815-1870), a descendant of this family, became one of the leaders of the Young Ireland movement.[75] Folk memories testify to the arrival of a strange family from Scotland, presumably the Mitchel family, who lived apart from the community at West Town. They also tell of another boat that came ashore at the northern end of the island, however, all on board had died of exposure on the journey from Scotland.

Tory fades into oblivion during the eighteenth century. Despite the killings, devastations and exorbitant demands for rents, the islanders held their peace and survived. They lived a more or less self-contained existence drawing a simple livelihood from the surrounding lands and manufacturing their own linens, woollens and earthenwares. The islanders seldom came to the mainland – they had a superstitious objection to visiting it. Within the narrow confines of their island they lived and died, like their forefathers, in the place where they were born.

Population

The present day settlement pattern seems to have been essentially complete as early as 1836. The Ordnance Survey maps of 1836 and 1853 show two formless clusters or clachans, known as West Town and East Town. There has been little subsequent change in size or distribution of settlement, particularly at East Town where today's pattern is similar to that of 1836 and 1853. The attraction of the road in the present century has produced a linear West

ar an Teach Pobail ag an Athair Niall Ó Néill agus an tAthair Eoin Ó Buaidh.

Fuair cúnantóirí dídean i dToraigh nuair a theith siad roimh fhórsaí Shéarlas II i ndiaidh dóibh éirí amach na gcúnantóirí a chur faoi chois i lár na hAlban sa bhliain 1679. Shílfeá gur áit aisteach í Toraigh ag Preispitéirigh a bheadh ag cuartú dídine ach is ó Inbhir Air go Toraigh a sheol Clann Mhistéil i mbád oscailte le héalú ón slad ag deireadh chath Bothwell Brig. Níl taifead ar bith de líon na bpaisinéirí ach thug siad leo airnéis tí, roinnt leabhar agus taespúnóga airgid. Tá spúnóg amháin acu siúd go fóill i seilbh Chlann Mhistéil sa lá atá inniu ann.

Tagann William Dillon i leabhar s'aige, *Life of John Mitchel*, leis an bharúil gur iarr Clann Mhistéil dídean ar Thoraigh agus gur chónaigh siad ansin ar feadh achair fhada sular imigh siad go Dún Fionnachaidh ar an tír mór. Bhí Seán Mistéil (1815-1870), de bhunadh na Mistéalach, ar cheannairí ghluaiseacht Éire Óg.[75] Tá sé sa seanchas go dtáinig clann aisteach anall as Albain, na Mistéalaigh is dócha, agus gur chónaigh siad ar shiúl ón phobal ar an Bhaile Thiar. Insítear fosta go dtáinig bád eile i dtír ar an taobh ó thuaidh den oileán ach gur cailleadh deireadh ag an fhuacht ar an aistear anall as Albain. Bhí Toraigh suaimhneach le linn an ochtú aois déag. Ainneoin marú agus éilimh iomarcacha cíosa, choinnigh bunadh an oileáin suaimhneach agus tháinig siad tríd. Mhair siad a bheag nó a mhór leo féin ag baint slí beatha as an timpeallacht agus ag déanamh a gcuid línéadaigh, éadaí olla agus cré-earraí. Is annamh a rachadh na hoileánaigh go tír mór – bhí leisce orthu cuairt a thabhairt de thairbhe piseoige. Mhair siad agus fuair siad bás taobh istigh de chríocha cúnga a n-oileáin féin mar a rinne a sinsir rompu, san áit ar rugadh iad.

Daonra

Is cosúil go raibh patrún lonnaíochta an lae inniu ar bun chomh fada siar le 1836. Léiríonn léarscáileanna na Suirbhéireachta Ordanáis in 1836 go raibh dhá chloigín nó clochán ann, a dtugtaí an Baile Thiar agus an Baile Thoir orthu. Is beag athrú a tháinig orthu ó shin ó thaobh méide agus leagan amach de, go háirithe ar an Bhaile Thoir mar a bhfuil an leagan amach cosúil leis an dóigh a raibh sé in 1836 agus in 1853. Sa chéad seo, leis an tógáil ar thaobh an bhóthair, is lonnaíocht líneach atá sa Bhaile Thiar ní cnuasaithe mar a bhíodh in 1836 agus 1853. B'fhéidir gur mar gheall ar an ché nua a tógadh go luath san fhichiú haois a shíneann sé soir.

Is é an Baile Thiar an ceann is mó den dá chlochán, le tuairim is daichead teach a bhfuil cónaí iontu le taobh fiche ar an Bhaile Thoir. Thóg Comhairle Contae Dhún na nGall sé theach nua ar an Bhaile Thiar agus tógadh go leor bungalónna le blianta beaga anuas, ach téann bunús na dtithe siar go dtí go luath san fhichiú haois. Tá comharthaí meatha go fairsing go háirithe ar an Bhaile Thiar, áit a gcuireann ballóga i gcuimhne dúinn go mbíodh pobal níos mó i dToraigh tráth.

Go luath sa naoú haois déag is beag difear a bhí le sonrú san aonad cónaithe, an teach, ar fud an oileáin. Go bunúsach ba é an teach ceann tuí le teallach an gnáth-theach a bhí ann (*Féach léaráid 2 ar leathanach 74*), a raibh dhá sheomra ann de ghnáth; ach le méadú sa líon teaghlaigh sa naoú céad déag bhí an teach róbheag agus plódaithe agus cuireadh giota leis ar chúl an tsimléir (*Féach léaráid 3 ar leathanach 75*). Tá cúpla ceann de na tithe sin go fóill ann ach go mbaintear úsáid astu mar bhóithigh nó mar stórais.

An lá atá inniu ann tá neart áitribh láidre dhá stór ann, le díonta sclátaí a choinnítear go maith. Is suntasach an rud é an oiread

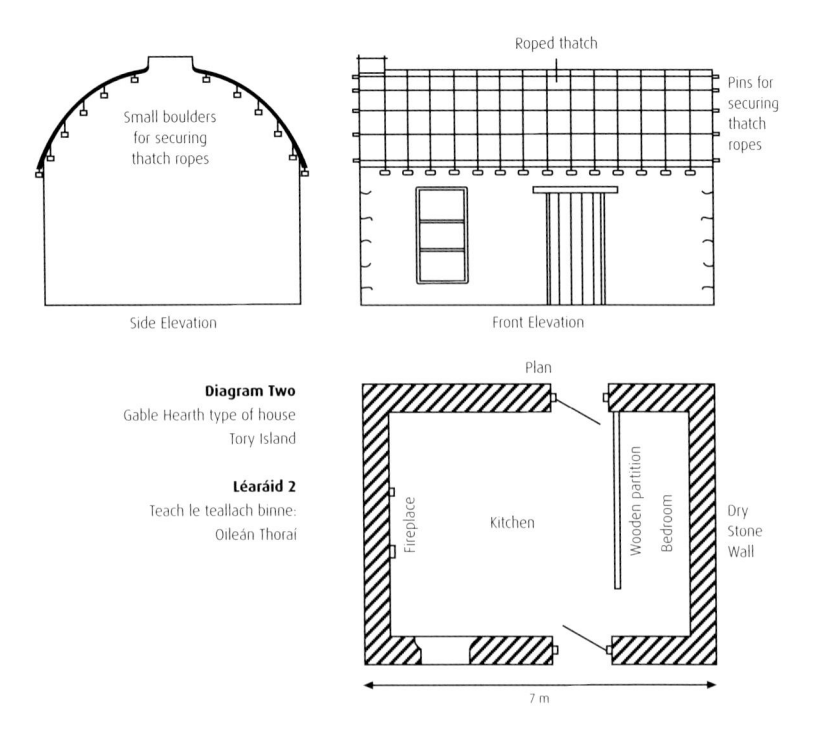

Diagram Two
Gable Hearth type of house
Tory Island

Léaráid 2
Teach le teallach binne:
Oileán Thoraí

West Town in contrast to the clustered settlement of 1836 and 1853. Its eastward prolongation may also have been influenced by the provision of a pier in the early twentieth century.

West Town is the larger of the two clachans, with some forty occupied houses as opposed to twenty at East Town. Donegal County Council has provided six new houses at West Town, and several bungalows have been constructed in recent years, but the majority of houses date back to the early twentieth century. There are abundant signs of decay, particularly at West Town, where dilapidated houses are a reminder that Tory once sustained a larger population.

In the early nineteenth century the unit of settlement, the house, showed little variation throughout the island. The fundamental house-type was the thatched gable hearth dwelling (*see Diagram Two to left*) which had usually two rooms, but with the early nineteenth century increase in the size of family, it became too small and overcrowded, and it was extended behind the chimney (*see Diagram Three on page 75*). Some of these dwellings still exist but are used as byres and storerooms.

Tory's present housing stock consists of sturdy, well maintained, two-storey, slated dwellings. The existence of so many substantial houses on a small remote island is very striking, but can be explained by the influence of the Congested Districts Board, which provided grants for the replacement of thatched cottages with two-storey homes. However the strong domestic pride of the islanders must also have influenced the high standard of housing.

The construction of new homes at the beginning of the twentieth century by the Board revolutionised the appearance of the clachans. The Board constructed modern buildings on the sites of former dwellings using essentially the same ground plan as the traditional houses they had replaced. These new houses had sash windows, wooden floors and slate roofs. Unlike the old houses they stood out boldly from the land and were no longer in harmony with the landscape. This discordance is reflected in the frequent and costly replacement of slates, as the high pointed roofs offer resistance to the wind unlike the old low curved cabins ,which hugged the land. No doubt these stark houses are healthier, but there is still a nostalgia for the cabins with their warmth and intimacy. Gone are the open hearths, the haunt of

sin tithe maithe a bheith ar oileán bheag iargúlta ach is toradh ar obair Bhord na gCeantar Cúng é a d'eisigh deontais le tithe dhá stór a thógáil in áit na dtithe beaga ceann tuí. Ach is cinnte go bhfuil baint mhór ag bród na n-oileánach leis an ardchaighdeán tithíochta.

Tógadh tithe úra ag tús na fichiú haoise faoi choimirce an Bhoird, agus d'athraigh sin cuma na gclochán. Thóg an Bord tithe nua-aimseartha san áit a mbíodh seanteach agus bhain siad úsáid as an phlean urláir céanna a bhí ag na seantithe chomh fada agus ab fhéidir. Bhí fuinneoga saise, urláir adhmaid agus díonta sclátaí ag na tithe úra seo. Ní hionann agus na seantithe a luigh go deas leis an timpeallacht, sheas na tithe úra seo amach ón talamh. Léirítear an t-imreas seo sa chostas a bhaineann le sclátaí nua a chur ar theach go minic mar go seasann na díonta arda crochta in éadan na gaoithe ní hionann agus na bothóga ísle cuartha a choinnigh leis an talamh. Gan amhras is folláine i bhfad na tithe loma seo ach tá cumha i ndiaidh na mbothóg a bhí te teolaí. Tá na teallaigh oscailte, gnátháit an tseanchaí, ar shiúl agus tá an teallach a coinníodh istigh faoi choinne teasa i rith an gheimhridh ar shiúl fosta.

Ina dhiaidh sin is é fócas an tí an teallach i gcónaí, agus is réidh a thiocfaidh an comhrá nuair a bhíonn an teaghlach cruinn thart ar an tine. Gaeilge a labhraíonn na hoileánaigh ach baineann siad úsáid as Béarla má bhíonn cuairteoir le Béarla ann.

Maireann saol fite fuaite sóisialta an chlocháin go dtí an lá atá inniu ann. Déanann Pádraig Ó Cearúil cur síos ar dhlúthchaidreamh an tsaoil ar an Bhaile Thoir agus é ag fás aníos sna seascaidí. 'Bhíodh daoine i dtólamh ag cuartaíocht. Cha raibh cuireadh de dhíth air; thigeadh sé isteach, shuíodh sé síos ag an tine, dheargfadh sé a phíopa agus i ndiaidh tamaill bhig d'imeodh sé gan focal a rá. Bhí sé i ndiaidh a dhea-mhéin a chur in iúl agus bhí an t-am aige dul giota eile.'

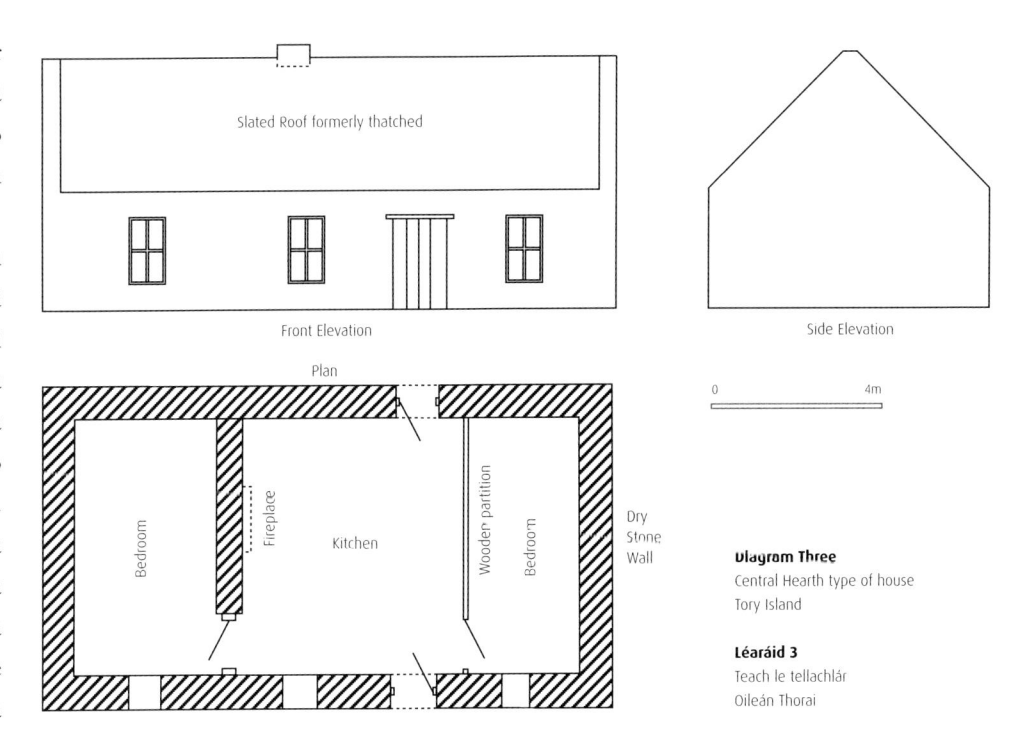

Thug Bord na gCeantar Cúng ábhar úr tógála in áit na mbloc eibhir, a bhíodh in úsáid ag na hoileánaigh leis na céadta bliain. Is fiú a thabhairt faoi deara gurbh fhearr leis na hoileánaigh an chloch eibhir; chuir siad suas don ghrianchloichít chrua, fhrithbheartach ar an ábhar go raibh mí-ádh ag baint léi. Tá grianchloichít le fáil ar an taobh thuaidh den oileán agus b'fhéidir go ndeachaigh an bhaint a bhí idir sin agus an phágántacht i bhfeidhm ar rogha na

Diagram Three
Central Hearth type of house
Tory Island

Léaráid 3
Teach le tellachlár
Oileán Thoraí

the storytellers, and gone are the cattle, which were kept inside for winter warmth. Nevertheless, the hearth remains the focus of the house; only when the household is assembled around the fire does the flow of conversation begin. The islanders conduct their conversations in Irish but use English when there is an English-speaking visitor.

The closely integrated social life of the clachan still persists to the present. Padraig Carroll describes the intimacy of life at East Town when he was growing up in the 1960s. 'People were always visiting each other. There was no need for a reason. A neighbour would come in, sit down at the hearth, light his pipe and after a short stay would depart without saying a word. He had paid his respects and it was time to move on.'

The Congested Districts Board introduced new building materials to replace the granite blocks, which the islanders had used for centuries. It is of interest to note that the islanders had a preference for granite; they objected to building with the abundant supplies of hard resistant quartzite on the grounds that it was unlucky. The fact that quartzite is found on the northern part of the island with its pagan association may have influenced the islanders' choice; however, no objection seems to have been made to the bricks, mortar and slates introduced by the Board.

In keeping with the national trend, there was a marked increase in Tory's population in the early decades of the nineteenth century. Island tradition has it that there were 'six hundred or more souls', but the 1841 census shows a population of 399 (*see Table 4 to left*). The population must have continued to increase rapidly after this date for the 1851 census shows a population of 402, despite the fact that the landlord, Mr Woodhouse, had removed a hundred islanders to the mainland during the 1840s. There is difficulty in establishing the destination of the islanders, but we know that some departed for Australia, America and Scotland.

Although the island did not suffer the hardships caused by the Famine, its population declined like the remainder of Donegal during the second half of the nineteenth century (*see Table 4 to left*). The decline in population in Donegal is usually attributed to the Famine, but this argument cannot be sustained in the case of Tory. Tory would tend to support the view held by Cousens that the rural population of Ireland would have decreased even if the potato failure had not occurred, although the precise turning point in the country's demographic history might have been delayed for a number of years.[76] Decline would also have been less dramatic if Tory is considered as a model of an Ireland unaffected by famine. Over the period 1851 to 1901 Tory lost only 16% of its population whereas the county's decreased by 41.5%. The potato failure was only one of a number of factors influencing population change in Donegal. Like the remainder of the country

Table 4
Tory Island Population

Year	Population	Year	Population
1841	399	1951	257
1851	402	1956	273
1861	386	1961	264
1871	343	1966	243
1881	332	1971	273
1891	348	1979	213
1901	335	19881	208
1911	307	1986	136
1926	250	1991	119
1936	291	1996	169
1946	265		

n-oileánach; is cosúil nár chuir siad suas do na brící ná moirtéal ná sclátaí a thug an Bord isteach.

Ag teacht leis an treocht náisiúnta tháinig méadú ar dhaonra Thoraí sna blianta luatha den naoú céad déag. De réir thraidisiún an oileáin bhí 'sé chéad duine nó níos mó' ann ach léiríonn daonáireamh 1841 daonra 399 (*Féach Tábla 4*). Caithfidh gur lean an fás gasta i ndiaidh an dáta seo nó léiríonn daonáireamh 1851 daonra 402, ainneoin gur ruaig an tiarna talún, An tUasal Woodhouse, na céadta amach chun na tíre le linn na ndaichidí. Tá sé deacair ceann scríbe na ndaoine seo a aimsiú ach tá a fhios againn go ndeachaigh cuid acu go dtí an Astráil, go Meiriceá agus go hAlbain.

Bíodh is nár fhulaing an t-oileán cruatan de thairbhe an ocrais mhóir, thit an daonra mar a tharla sa chuid eile de Dhún na nGall sa dara leath den naoú céad déag (*Féach tábla 4*). Cuirtear an titim seo i ndaonra Dhún na nGall síos don Ocras Mór de ghnáth ach ní féidir sin a rá i gcás Thoraí. Bheir Toraigh creidiúint don bharúil a bhí ag Cousens go dtitfeadh líon an phobail thuathúil in Éirinn cibé, fiú amháin gan meath na bprátaí, ach go mb'fhéidir go gcuirfí moill ar an chor i stair dhéimeagrafach na tíre go ceann roinnt blianta.[76] Ní bheadh an laghdú chomh suntasach céanna ach oiread dá nglacfaí le Toraigh mar shampla d'Éirinn nach ndeachaigh an t-Ocras Mór i bhfeidhm uirthi.

Idir 1851 agus 1901 tháinig laghdú de 16% i ar dhaonra Thoraí ach tháinig laghdú 41.5% ar dhaonra na tíre. Ní raibh san Ocras Mór ach cúis amháin a chuaigh i bhfeidhm ar athruithe i ndaonra Dhún na nGall. Bhí an imirce ar cheann de na príomhrudaí a chuaigh go mór i bhfeidhm ar an daonra agus bhí seo amhlaidh i dToraigh chomh maith leis an chuid eile den chontae. Níor cailleadh an gaol clainne nuair a shocraigh imircigh as Toraigh san Astráil, i Meiriceá ná in Albain; mealladh na daoine óga sa bhaile anonn le gealltanais go mbeadh flaithiúlacht agus obair rompu.

Le linn an naoú céad déag, ba í an imirce shéasúrach seachas an imirce bhuan a bhí mar ghné den saol sóisialta agus

Well-maintained two-storey house at West Town

'Ina suí go te', teach dhá stór ar an Bhaile Thiar

Tábla 4

Oileán Thoraí – Daonra

Bliain	Daonra	Bliain	Daonra
1841	399	1951	257
1851	402	1956	273
1861	386	1961	264
1871	343	1966	243
1881	332	1971	273
1891	348	1979	213
1901	335	19881	208
1911	307	1986	136
1926	250	1991	119
1936	291	1996	169
1946	265		

Tory was affected by emigration, which was a dominant influence in population decline. Kinship ties did not lessen when emigrants from Tory took up residence in Australia, America or Scotland; the young people left at home were persuaded to join them with the promise of hospitality and a job awaiting them.

Seasonal, more so than permanent, migration became a feature of the economic and social life during the nineteenth century.[77] Able-bodied men and women left the island for six months of the year. The men moved chiefly to Scotland as general workers and farm labourers, and the women worked on the prosperous farms of the Laggan in east Donegal or in the City of Derry.

Earnings from migratory labour permitted the purchase of manufactured goods and food commodities on the mainland and reduced dependence on the old self-sufficient economy. The resulting higher standard of living must have persuaded many families to remain on their small holdings and helps to explain the relative stability of population numbers during the nineteenth century.

Aalen and Brady have commented that seasonal migration transformed the island in other ways.[78] The repetitive impact of seasonal migration increased familiarity with conditions elsewhere leading to dissatisfaction with the traditional ways of life at home. The contrasts experienced by the migrants of Tory would not have been so marked as for migrants from many other parts of Donegal as the islanders tended to move to rural areas, which were not unduly different. This afforded some protection and ensured that the islanders were not exposed to the full range of attractions offered by urban locations.

Seasonal migration, which had helped to stabilise Tory's population during the nineteenth century, was to be the driving force in depopulation throughout the twentieth century. The population declined by almost 65% from 1901 to 1991 when numbers on Tory fell to 119. An analysis of the composition of the island's population shows a normal distribution in 1901 and to a lesser extent in 1936, with a predominance of young people (0 to 14 years) and a progressive decline in numbers in the upper age ranges. By 1966 Tory showed a drop in numbers, particularly of women, in the age range 15 to 34 and an increase in the proportion of people over the age of 55. These deficiencies in numbers were accentuated further by 1991 (*see Table 5 on page 80*).

An analysis of the ratio of males to females shows the predominance of males on the island during the twentieth century (*see Table 6 on page 80*); this limited the choice of marriage partners and in many instances necessitated cousin marriages. The degree of kinship in marriages is something which is rarely recorded; however, since 1884, seven marriages between close relatives have been registered. Elwood suggests that official registrations underestimate the number of such consanguineous marriages.[79] The effects of inbreeding have been slight and the authorities, aware of the dangers, have persuaded a number of islanders to adopt children so that new blood may be introduced.

The imbalance between the number of males and females has been attributed to a tendency for most marriages, particularly of Tory women, to be performed off the island. During the period 1948 to 1970, thirty-eight of the sixty-two marriages involving Tory people were off the island (*see Table 7 on page 82*); as a general rule these people never return to reside on the island. This form

Réimse	1901 Fireann	1901 Baineann	1936 Fireann	1936 Baineann	1966 Fireann	1966 Baineann	1991 Fireann	1991 Baineann
71–84	3	7	9	12	7	4	6	4
65–74	4	7	9	17	19	24	11	6
55–64	14	14	13	10	20	8	4	8
45–54	9	5	23	18	12	13	8	4
35–44	15	23	26	30	15	11	10	3
25–34	19	27	20	10	10	7	7	7
15–24	23	39	19	12	16	3	6	2
0–14	62	64	28	35	36	38	13	20
Iomlán	**149**	**186**	**147**	**144**	**135**	**108**	**65**	**54**

Tábla 5
Oileán Thoraí: Grúpaí Daonra

eacnamaíochta.[77] D'fhágadh fir agus mná láidre an t-oileán ar feadh sé mhí den bhliain. Théadh na fir den chuid is mó anonn go hAlbain mar oibrithe ginearálta agus feirme; bhíodh na mná ag obair ar fheirmeacha rachmasacha an Lagáin in oirthear Dhún na nGall nó i gcathair Dhoire.

Leis an airgead ón obair shéasúrach bhí siad ábalta earraí monaraithe agus bia a cheannach ar an tír mór agus ní raibh siad ag brath an oiread céanna ar an seanchóras neamhspleách eacnamaíochta. Is dócha gur chuir an caighdeán ardaithe mhaireachtála seo, gur chuir sé ina luí ar go leor teaghlach gur chóir dóibh fanacht ar na feirmeacha beaga agus míníonn sé ar bhealach cad chuige nach dtáinig athrú suntasach ar an daonra sa naoú céad déag.

Luann Aalen agus Brady gur athraigh an imirce shéasúrach seo an t-oileán ar bhealaí eile.[78] D'éirigh na daoine cleachta leis an saol in áiteanna eile leis an imirce mhinic seo, rud a d'fhág míshásta iad leis na dóigheanna traidisiúnta a bhí acu sa bhaile. Is dócha nach raibh na hathruithe seo chomh sonraíoch céanna do mhuintir Thoraí agus a bhí do na himircigh as áiteanna eile i nDún na nGall ó tharla gur bhog na hoileánaigh chuig áiteanna tuaithe nach raibh mórán difir le sonrú iontu Bhí cosaint éigin sa mhéid sin agus ní dheachaigh na hoileánaigh i dtaithí ar an réimse iomlán rudaí tarraingteacha a bhí ar fáil sna bailte.

Ba í an imirce shéasúrach a choinnigh daonra seasta i dToraigh le linn an naoú céad déag an fórsa is mó ba chúis le bánú an oileáin san fhichiú haois. Thit an daonra beagnach 65% idir 1901 agus 1991 nuair a thit líon an phobail i dToraigh go 119. Léiríonn

Bliain	Líon fear do gach 100 bean
1884	81
1851	105
1871	78
1901	90
1936	102
1951	125
1971	125
1991	120
1996	124

Tábla 6
Oileán Thoraí Cóimheas Gnéis

TONNTA THORAÍ

Table 5
Tory Island Composition of Population

Age Range	1901 Male	1901 Female	1936 Male	1936 Female	1966 Male	1966 Female	1991 Male	1991 Female
71–84	3	7	9	12	7	4	6	4
65–74	4	7	9	17	19	24	11	6
55–64	14	14	13	10	20	8	4	8
45–54	9	5	23	18	12	13	8	4
35–44	15	23	26	30	15	11	10	3
25–34	19	27	20	10	10	7	7	7
15–24	23	39	19	12	16	3	6	2
0–14	62	64	28	35	36	38	13	20
Totals	**149**	**186**	**147**	**144**	**135**	**108**	**65**	**54**

of emigration, marriage away from Tory, particularly by women, has not only reduced Tory's population but is also undermining its chances of survival.

Seasonal migration became more pronounced immediately after World War II with Tory men working in Scotland and England during the winter months and returning in the summer to fish lobster and salmon *(see Table 8 on page 82)*. The migrants still retained an affection for their island home. 'When I was away I used to long to be at home with my father and mother', recalls Eoghan Whoriskey. 'The lamb will always be attached to the place where it drinks its milk. Once my mother died there was nothing to keep me on Tory so I turned the key on the door and went to live on the mainland.'

This annual cycle of migration introduced new ideas, aspirations and material benefits into the Tory community causing a gradual breakdown of the previously, closely-knit kinship ties. The most important result demographically was that women were allowed to migrate, whereas in previous years few had expressed a desire, or were permitted by their families, to leave home. As life on Tory was physically hard, there was a tendency for more women than men to settle permanently in Britain. The consequences of such losses were profound, because with fewer young women resident in the community there were fewer marriages and live births, leading to a rapid decline in population throughout the 1970s and the 1980s.

The sharp decline in population promoted the idea of evacuation. Resettlement on the mainland was considered a

Table 6
Tory Island Sex Ratios

Year	Number of Males per Hundred Females
1884	81
1851	105
1871	78
1901	90
1936	102
1951	125
1971	125
1991	120
1996	124

anailís ar struchtúr an daonra go raibh roinnt nádúrtha ann i 1901 agus go pointe i 1936, le mórchuid daoine óga (0 go 14 bliain) agus titim de réir a chéile sna ghrúpaí is sine. Faoi 1966 léiríodh titim sa líon, mná go háirithe, sa ghrúpa 15 go 34 agus méadú i líon na ndaoine a bhí os cionn 55. Cuireadh leis an hathruithe seo sna figiúirí do 1991 (*Féach tábla 5 ar leathanach 79*).

Léiríonn anailís ar an chóimheas idir fir agus mná go raibh níos mó fear ar an oileán le linn na fichiú haoise (*Féach tábla 6 ar leathanach 79*); chuir seo isteach ar an rogha céile a bheadh ag duine agus d'fhág póstaí minic idir col ceathracha. Ní thaifeadtar an gaol i bpóstaí ach go hannamh; ó 1884, áfach, cláraíodh seacht bpósadh idir daoine muinteartha. Dar le Elwood nach léiríonn an cuntas oifigiúil líon na bpóstaí idir daoine muinteartha.[79] Is beag éifeacht atá le sonrú de bharr insíolraithe, agus de thairbhe na gcontúirtí, mhol na húdaráis do chuid de na hoileánaigh páistí a uchtú le fuil úr a thabhairt isteach.

Cuirtear éagothroime líon na bhfear agus na mban síos don nós coitianta an pósadh a bheith ar an tír, go háirithe nuair a phósann na mná. Idir 1948 agus 1970 bhí ocht bpósadh is tríocha amach as seasca is a dó as baile (*Féach tábla 7*); ní fhilleann bunús na ndaoine sin le cónaí ar an oileán níos mó. Ní amháin gur laghdaigh an cineál seo imirce, is é sin pósadh ar shiúl as Toraigh, go háirithe nuair is iad na mná atá i gceist, gur laghdaigh sé daonra Thoraí ach tá sé ag cur isteach ar cibé seans atá ag an phobal maireachtáil.

D'éirigh an imirce shéasúrach níos suntasaí díreach i ndiaidh an dara cogadh domhanda nuair a d'oibreodh fir Thoraí in Albain agus i Sasana le linn mhíonna an gheimhridh agus d'fhilleadh siad sa samhradh le dul a iascaireacht gliomach agus bradán (*Féach tábla 8*). Bhíodh cion ag na himircigh ar a n-oileán i gcónaí. 'Nuair

Tabla 7
Póstaí Daoine
A Rugadh Ar Thoraigh

	Toraigh	Áit Eile	Iomlán
1918–1927	16	0	16
1928–1937	15	1	16
1938–1947	19	3	22
1948–1957	14	17	31
1958–1967	5	11	16
1968–1970	5	10	15

a bheinn ar shiúl ba bhreá liom a bheith sa bhaile le m'athair agus le mo mháthair' a chuimhníonn Eoghan Ó Fuaruisce. 'An áit a bhfaigheann an t-uan an bainne tarraingíonn sé. An uair amháin a fuair mo mháthair bás ní raibh a dhath ar bith le mé a choinneáil i dToraigh agus thiontaigh mé an eochair sa ghlas agus bhog mé go dtí an tír.'

Tabla 8
Oileán Thoraí
Imirce Shéasúrach

	Imirce fear			Imirce ban		
	Imeacht Geimhreadh	Teacht Samhradh	Caill	Imeacht Geimhreadh	Teacht Samhradh	Caill
1959–60	9	8	1	6	5	1
1960–61	12	11	1	10	10	0
1961–62	10	8	2	8	3	5

Thug an timthriall bliantúil imirce seo smaointe úra, uaillmhianta agus buntáistí eile a chuaigh chun sochair do phobal Thoraí agus chuidigh siad uilig leis an cheangal láidir gaoil a bhriseadh síos. An pointe is tábhachtaí ó thaobh déimeagrafaíochta de ná go raibh cead ag mná dul ar imirce bíodh is gur beag duine a labhair ar imeacht ná ar lig na teaghlaigh dóibh imeacht na blianta roimhe sin. Ó tharla gur saol crua a bhí i dToraigh bhí claonadh ag níos mó ban ná fear socrú go buan sa Bhreatain. Ba thromchúiseach an toradh a bhí air seo nó nuair nach raibh an oiread cailíní óga

Table 7
Tory Island
Marriages of persons born on Tory

	Tory	Elsewhere	Total
1918–1927	16	0	16
1928–1937	15	1	16
1938–1947	19	3	22
1948–1957	14	17	31
1958–1967	5	11	16
1968–1970	5	10	15

more economically viable option than investment in the island. In 1984 fifty-two islanders – a quarter of the island's population – were resettled by the County Council in Falcarragh. Many of the islanders feared that the continuation of the County Council's resettlement policy would lead to the abandonment of the island and the fragmentation of the Tory community.

Table 8
Tory Island
Seasonal Migration

	Male Migration			Female Migration		
	Depart Winter	Return Summer	Loss	Depart Winter	Return Summer	Loss
1959–60	9	8	1	6	5	1
1960–61	12	11	1	10	10	0
1961–62	10	8	2	8	3	5

This reduction in population had a dramatic effect on the social conditions of the island. Shops became less economic to run and the range of goods diminished. Céilis became rare events and the islanders found it increasingly difficult to justify their primary school. The fear of evacuation was always present and this had a profound psychological effect on the island community. As the population declined to 119, the community felt less able to help itself and became more and more dependent on the outside world. They increasingly turned for guidance to personalities like Lord Hugh Hamilton, a Scottish peer, and Derek Hill, a distinguished artist.

Community Developments

The year 1984 was a time of crisis on Tory. Its population had declined to an almost unsustainable level and there was pressure on those that remained to settle on the mainland. The inadequacy of the island's infrastructure was one of the main factors contributing to the move to the mainland. The island did not have a waste collection service, a sewage treatment plant, piped water, or metalled roads. The generator had deteriorated to the extent that the electricity supply was being constantly interrupted. There was no regular ferry service and the pier at West Town was inadequate particularly during stormy weather. Education, medical and community facilities were also lacking.[80]

Eamonn Rodgers was one of the islanders who left at that time. 'I left Tory because of the difficulties I experienced with medical treatment for my eight-months old daughter, who had the whooping cough. There was no nurse or doctor on the island, and there was no ferry to take her to the mainland as the seas were so rough. After waiting all day as my daughter's fever worsened, a helicopter eventually came to our rescue. We had other children in the family and I didn't want the same or even worse to happen to them. That was my reason for leaving the island.'

Threatened by the fear of evacuation, islanders like Patsy Dan Rodgers and Jimmy Dougan, assisted by Father Diarmuid Ó Péicin, their Jesuit priest, took their fight to the authorities.[81] Patsy Dan recalls that 'we had been fighting for years with the Donegal

ar an oileán ní raibh an oiread póstaí ann ná páistí ag teacht ar an saol, rud a d'fhág gur thit an daonra go gasta le linn na 1970í agus na 1980í.

Chuir an titim gasta sa daonra an moladh faoi aslonnú chun tosaigh. Glacadh leis go mbeadh an t-aslonnú seo níos saoire ná infheistíocht san oileán. I 1984 thug an Chomhairle Contae tithe do bheirt oileánach is caoga ar an Fhál Charrach – an ceathrú cuid de phobal an oileáin. Bhí eagla ar go leor oileánach go gcuirfeadh an Chomhairle Contae an t-oileán síos ar fad dá leanfaí leis an pholasaí aslonnaithe seo agus go bhfágfadh siad an pobal scaipthe.

Chuir an titim sa daonra isteach go mór ar ghnóthaí sóisialta an oileáin. Bhí sé deacair siopaí a reáchtáil agus gearradh anuas ar an réimse earraí. Ní bhíodh céilí ann ach go hannamh agus d'éirigh sé ní ba dheacra ag na hoileánaigh an scoil bheag a chosaint agus a choinneáil. Bhí bánú iomlán ina shíorbhagairt agus chuir sin as go mór do bhunadh an oileáin. Agus an daonra ag titim go 119, mhothaigh an pobal nach raibh siad ábalta cuidiú leo féin agus bhí siad ag brath níos mó agus níos mó ar an domhan amuigh. Thiontaigh siad níos minice chuig pearsantachtaí ar nós an Tiarna Hugh Hamilton, Tiarna de chuid na hAlban, agus Derek Hill, ealaíontóir cáiliúil ag cuardach treorach.

Forbairt Phobail

Bhí géarchéim i dToraigh sa bhliain 1984. Bhí an daonra tite chuig leibhéal a bhí chóir a bheith ró-íscal le maireachtáil agus bhíothas ag cur brú ar na daoine a d'fhan ar an oileán bogadh amach go tír mór.

Bhí bonneagar easnamhach an oileáin ar cheann de na príomhchúiseanna ar bhog daoine amach. Ní raibh seirbhís tógáil bruscair ná ionad oibrithe séarachais ná córas uisce ná clúdach ceart ar na bóithre ar an oileán. Bhí an gineadóir imithe in olcas ar fad agus bhí briseadh minic sa soláthar leictreachais. Ní raibh seirbhís rialta farantóireachta ann agus ní raibh maith ar bith sa ché ar an Bhaile Thiar le linn doininne. Bhí an soláthar oideachais, leighis agus pobail easnamhach chomh maith.[80]

Bhí Éamonn Mac Ruairí ar dhuine de na daoine a d'fhág ag an am sin. 'D'fhág mise Toraigh de thairbhe na ndeacrachtaí a bhí agam ag iarraidh cóir leighis a fháil do m'iníon a raibh an triuch uirthi. Cha raibh dochtúir ná banaltra ar an oileán agus cha raibh bád farantóireachta le hí a thabhairt go dtí an tír mór nó bhí an fharraige iontach mór. Chaith muid lá iomlán ag fanacht agus fiabhras m'iníne ag éirí níos measa, go dtí go dtáinig héileacaptar le muid a tharrtháil. Bhí páistí eile againn agus char mhaith liom go dtarlódh a leithéid, nó fiú rud inteacht is measa, daofa. Sin an fáth ar fhág mise Toraigh.'

Agus bagairt aslonnaithe os a gcionn thug oileánaigh ar nós Phatsaí Dan Mac Ruairí agus Jimí Ó Dubhgáin a dtroid chuig na húdaráis, le cuidiú ón Athair Diarmuid Ó Péicín, sagart Íosánach an oileáin.[81] Insíonn Patsy Dan 'go raibh muid ag troid leis na blianta leis an Chomhairle Contae agus le hÚdarás na Gaeltachta agus de réir cosúlachta cha raibh dul chun cinn ar bith déanta againn. Ach leis an Athair Ó Péicín thosaigh muid ag cur ár gcuid pointí trasna.' Thug a bhfeachtas go Parlaimint na hEorpa agus go Meiriceá iad agus tharraing sé aird na meán cumarsáide. 'Thaispeáin muid don domhan gur pobal cróga a bhí ionainn nach raibh sásta ár mbaile ná ár n-oidhreacht a thréigean.'

conditions and maintenance aside, the ferry runs throughout the year; this represents a major improvement in communication with the mainland. When Cross and Nutley undertook a survey of accessibility to island communities in 1990 to 1991, transport to Tory was regarded as poorer than to any other island and the greatest source of discontent on the island.[82]

Having secured an improved ferry service, it is now the primary objective of the islanders to develop an airstrip. A suitable site for an airstrip has been identified and a daily air service to Carraig na Finne airport has been proposed. Údarás na Gaeltachta has confirmed its commitment to the development of airstrips on offshore islands, but progress is dependent on a feasibility

Tor Mor, the new ferry boat

An bád úr farantóireachta An Tor Mór

The Secondary School and Community Centre

An Mheánscoil agus an tIonad Pobail

County Council and the Gaeltach authorities, and seemed to be making no progress. However with Father Ó Péicin we started to get our punches in.' Their crusade took them to the European Parliament and to America, and it captured the imagination of the media. 'We showed the world we were a courageous community, who were not prepared to give up our home and our heritage.'

Thanks to their fight Tory is still inhabited and the island is now witnessing one of the most intense periods of development in its history. The most significant of these developments has been the construction of a pier at a cost of £8 million, which provides access for the new ferry boat, the Tor Mor, at any state of the tide. This privately-managed ferry has been in operation since 1995 and has a carrying capacity of seventy passengers. Adverse weather

A bhuíochas don troid sin tá daoine i dToraigh go fóill agus tá siad ag dul fríd cheann de na tréimhsí is mó forbairt i stair an oileáin. Tá an ché úr, a chosain ocht milliún punt, ar an fhorbairt is tábhachtaí, nó bheir sé bealach isteach don bhád úr farantóireachta, an Tor Mór, cibé dóigh a mbeidh an seol mara. Tá an bád, ar le comhlacht príobháideach é, ar obair ó bhí 1993 ann agus thig leis suas le seachtó duine a iompar. Taobh amuigh de dhoineann agus de chóiriú, seolann sé ó cheann ceann na bliana; cruthaíonn seo ceangail i bhfad níos fearr leis an tír mór.

Nuair a rinne Cross agus Nutley suirbhéireacht ar rochtain phobail na n-oileán i 1990 agus 1991, taifeadadh gur measa an córas iompair go Toraigh ná go hoileán ar bith eile agus gur mó a chuir sé as do mhuintir an oileáin ná rud ar bith eile.[82]

Anois go bhfuil seirbhís farantóireachta fheabhsaithe acu tá sé i gceist ag na hoileánaigh aerstráice a fhorbairt. Tá suíomh a bheadh fóirsteanach aimsithe agus tá sé molta go mbeadh seirbhís laethúil go haerfort na Carraige Finne. Tá gealltanas tugtha ag Údarás na Gaeltachta maidir le forbairt aerstráicí ar na hoileáin amuigh ón chósta ach go bhfuil seo ag brath ar staidéir féidearthachta. Cuireadh aerstráice go mór leis an cheangal atá leis an tír mór agus bhainfeadh sé den iargúltacht agus an den leithlis.[83]

Criochnaíodh ionad pobail in 2001 agus tá meánscoil nua lonnaithe ann. Tá seachtar múinteoirí ag freastal ar thart faoi fiche scoláire ar an scoil. Den chéad uair riamh tá deis ag óige Thoraí an Ardteistiméireacht a dhéanamh ar an oileán. Ní gá do pháistí Thoraí freastal ar an mheánscoil ar an Fhál Charrach agus fanacht ar an tír mór mar lóistéirí le cairde agus daoine muinteartha. Sa chéad dá bhliain bhain an scoil torthaí amach a bhí go maith os cionn mheán an chontae. Tá halla spóirt agus ealaíne, seomraí cruinnithe agus oifig don phobal san fhoirgneamh chomh maith.

Le nach mbeadh an lámh in uachtar ag an Roinn Oideachais agus Eolaíochta orthu thóg an Roinn Sláinte ionad nua sláinte agus cúram lae do na seandaoine. Tá an t-ionad suite ar ardán os cionn na cé san áit a mbíodh seanfhoirgneamh sinciarainn ina sheasamh le blianta. Tá íoclann nua-aimseartha don bhanaltra chomh maith le seomra ilúsáide do na seandaoine san ionad nua.

Os a chomhair amach tá ollmhargadh nua chóir a bheith tógtha. Cuirfidh an siopa seo earraí ar fáil nach féidir a fháil san am atá i láthair ach i nGort a' Choirce nó ar an Fhál Charrach. Ní bheidh ar na hoileánaigh turais chostasacha fhadálacha a dhéanamh chun na tíre le hearraí a cheannach.

Constructing the new pier (2000)
An ché úr á tógáil (2000)

study. The construction of an airstrip would be a significant improvement in communications with the mainland and would help address problems of isolation and insularity.[83]

A new secondary school and a community centre complex were completed in 2001. The school with five teachers is attended by some twenty pupils. For the first time Tory's young people have been able to take their Leaving Certificate Examinations on the island. It is no longer necessary for Tory children to attend secondary school at Falcarragh and to remain on the mainland as boarders with friends and relatives. During its first two years the school achieved results well above the County average. The complex also provides a sports and performance hall, meeting rooms and an office for community use.

Not to be outdone by the Department of Education, a new Health and Day Care Centre for the elderly has been constructed by the Department of Health. The Centre stands on an elevated position overlooking the pier and replaces a galvanised building, which occupied the site for decades. The new Centre also houses a modern Nurse's Clinic and a large multi-purpose room for the elderly.

Nearby construction of a supermarket is well advanced. The shop will provide a wide range of groceries, which at present can only be purchased at Gortahork or Falcarragh. Islanders will no longer have to make time-consuming and expensive trips to the mainland for their provisions.

Another significant development has been the construction of Hotel Tory, which has become the epicentre of the island's social and cultural life. The opening of the hotel in 1994 was the realisation of a dream for islander Patrick Doohan and his wife Birnie. Patrick had been working as a carpenter in London for fourteen years, but he always had a dream of setting up an hotel on Tory. In 1992 he, Birnie, and their two young sons decided to come back home and establish a small hotel. In recent years Patrick has added a diving centre to the range of facilities offered by the hotel.

There have also been improvements to Tory's water supplies and roads. Until recently the island's water supply from Loch Ó Thuaidh was carried by means of severely corroded pipes and had to be boiled before it could be considered safe to drink. The island's roads were resurfaced in 2000 and a metalled road now stretches from Port Doon to the lighthouse.

Improvements to the infrastructure have made Tory a more attractive place to live and as a result many islanders have returned to live on the island after several years in exile. The population rose to 165 in 1996, and by 2001 it had reached 190.

Hotel Tory run by Birnie and Patrick Doohan

Bean agus fear an tí: Birnie agus Pádraig Ó Dubhchoin ag *Óstán Thoraí*

Cuireadh bail ar bhóithre an oileáin in 2000 agus anois síneann bóthar tarramhacadaim ó Phort an Dúin go teach an tsolais.

Is deise an áit chónaithe í Toraigh ó tháinig feabhas ar an bhonneagar agus dá thairbhe sin tá go leor oileánach i ndiaidh filleadh chun an oileáin le hathchónaí ann i ndiaidh blianta ar shiúl. Mhéadaigh an daonra go 165 i 1996 agus arís go 190 sa bhliain 2001.

The Health and Day Care Centre
Ionad Sláinte agus Lae

Ba chéim shuntasach eile chun tosaigh é tógáil Óstán Thoraí atá anois mar chroílár shaol sóisialta agus cultúrtha an oileáin. Nuair a osclaíodh an t-óstán i 1994 bhí lúcháir iontach ar Phádraig Ó Dubhchoin agus a bhean, Birnie. Bhí Pádraig i ndiaidh bheith ag obair mar shaor adhmaid i Londain ar feadh ceithre bliana déag ach bhí sé ina cheann i gcónaí gur mhaith leis óstán a oscailt i dToraigh. I 1992 shocraigh sé féin, Birnie agus a mbeirt mhac óga bogadh anall agus ostán beag a oscailt. Cúpla bliain ó shin chuir Pádraig ionad tumadóireachta leis an réimse áiseanna ar fáil san óstán.

Tá feabhas tagtha ar an chóras uisce agus na bóithre. Go dtí le cúpla bliain anuas bhí soláthar uisce an oileáin ag teacht trid phíopaí caite agus chaithfeá é a bhruith le go bhféadfaí á ól.

Catherine Rodgers at her renovated Primary School

Caitríona Nig Ruairí ag an Bhunscoil i ndiaidh a cóirithe

TONNTA THORAÍ 87

Much progress has been made on Tory since 1990 and the islanders can be proud of their many achievements; however there is a need for the community to be more aware of the benefits and the requirements of the new infrastructure. They must work together and with the relevant development agencies to sustain and protect their unique environment.

Society

A distinctive society has developed on Tory. There is a warmth and hospitality to be found on the island which is difficult to find anywhere else in Ireland. There are no bells, knockers, or locks to be found on the doors of their homes. Every door is an open invitation to visitor and friend alike.

Patrick Og Rodgers, the former King (1957)

Patsaí Óg Mag Ruairí, an Sean-Rí (1957)

The islanders have a different approach to time. They tend to live their lives not by their clocks but by their feelings. Time is flexible and they tend to work when they feel like it; it doesn't matter whether it is midday or midnight when it is done.

The islanders are very sensitive to criticism of their customs and traditions, and they show their disapproval, particularly, of visiting journalists, who have not always represented their way of life with accuracy to the outside world.

Tory goes its own way and pays little heed to class and authority. The island has an egalitarian society with dancers, musicians and story-tellers, the most respected members of the community. The nurse and priest, for example, have some status, but should they go against the customs of the island they would experience considerable resistance. One priest, who tried to stop them having dances that went on all night, was told that the community hall was built by Tory men and that they would make their own rules about it.

The King of Tory is accorded considerable respect. The present monarch, Patsy Dan Rodgers, was unanimously elected by the islanders as their King at a dignified ceremony in the island community hall on 19 September 1993. The succession on Tory is not always smooth for Kings are appointed on the basis of literacy and personality rather than heredity. After the death of the previous King, Patrick Óg Rodgers, the throne was vacant for five years until Patsy Dan Rodgers, no relation to Patrick Óg, assumed the position. Oral tradition indicates that Patsy Dan is part of an unbroken line which extends back to the sixth century when St Colmcille landed on the island. The King of Tory is by no means an honorary position. The role of the King has had to

Tá forbairt iontach déanta ar Thoraigh ó bhí 1990 ann agus féadann na hoileánaigh bheith bródúil as na héachtaí go léir; ach caithfidh an pobal bheith níos eolaí faoi bhuanna agus faoi riachtanais an bhonneagair úir. Caithfidh siad tarraingt le chéile agus leis na heagrachtaí forbartha cuí, lena dtimpeallacht speisialta a chosaint agus a chaomhnú.

Sochaí

Tá sochaí ar leith i ndiaidh teacht chun cinn i dToraigh. Tá fáilte agus féile le fáil ar an oileán nach bhfaighfeá áit ar bith eile in Éirinn. Níl clog ná boschrann ar dhoirse a gcuid tithe. Is cuireadh oscailte gach doras don chuairteoir agus don chara araon.

Tá ciall eile ag na hoileánaigh d'am. Maireann siad de réir a gcuid mothúchán seachas de réir a gcuid clog. Ta solúbthacht ag baint le ham agus is gnách leo oibriú nuair is mian leo; is cuma cé acu meán lae nó meán oíche a bheidh ann nuair a bheidh siad réidh.

Tá na hoileánaigh iontach goilliúnach faoi dhaoine ag caitheamh anuas ar a nósanna agus traidisiúin agus cuireann siad a míshástacht in iúl, go háirithe faoi iriseoirí a thig ar cuairt ach nach léiríonn an cineál saoil atá acu mar is ceart don domhan mór.

Tá a bealach féin ag Toraigh agus is beag aird a bheirtear ar aicme ná ar údarás. Is sochaí chothrom atá i dToraigh agus is iad na damhsóirí, na ceoltóirí agus na scéalaithe is mó a bhfuil meas orthu sa phobal. Tá seasamh éigin ag an bhanaltra agus ag an sagart, mar shampla, ach dá mbeidís le dul in éadan nósanna an oileáin thiocfadh dó go mbeadh go leor ag cur suas díobh. Nuair a rinne sagart amháin iarracht deireadh chur le damhsaí a théadh ar aghaidh go maidin insíodh dó gur fir Thoraí a thóg an halla pobail agus go leagfadh siad amach a gcuid rialacha féin.

Tá meas mór ar Rí Thoraí. Toghadh Patsaí Dan Mac Ruairí, an monarc atá ann san am i láthair, d'aon ghuth mar Rí an oileáin ag ócáid mhaorga i halla an phobail ar 19 Meán Fómhair 1993. Ní bhíonn comharbas gan deacrachtaí i gcónaí nó toghfar ríthe ar bhonn litearthachta agus pearsantachta seachas oidhreachta. I ndiaidh bhás an rí dheireanaigh, Pádraig Óg Mac Ruairí, fágadh an ríchathaoir folamh go ceann cúig bliana go dtí gur ghlac Patsaí Dan Mac Ruairí, nach bhfuil gaol ar bith aige leis, an fhreagracht air féin.

De réir an bhéaloidis tá Patsaí Dan mar chuid de líne gan bhriseadh a théann siar chomh fada leis an séú céad nuair a bhain Naomh Colm Cille an t-oileán amach. Ní post oinigh atá ag an Rí. B'éigean do fhreagrachtaí an Rí athrú le himeacht ama; ní le huainníocht talaimh ná le roinnt cladaigh a bhíonn sé ag plé a thuilleadh ach le marthanas a phobail oileáin. Tá Patsaí Dan ag caitheamh a dhúthrachta ag troid do chearta a phobail. Tá na cearta seo curtha os comhair Chomhairle Contae Dhún na nGall agus eagraíochtaí an Rialtais aige.

Mar Rí an oileáin tuigeann sé go rímhaith go gcaithfear geilleagar níos ilghnéithí agus níos fiúntaí a fhorbairt má táthar le bánú a phobail a sheachaint.

Is de shliocht Mhic Ruairí Patsaí Dan, agus idir clann Mhic Ruairí, na Dubhgánaigh, na Dubhchonaigh agus muintir Dhuibhir déanann siad suas 70% de phobal an oileáin. Tá cuid mhór de na clanna seo ábalta a sinsir a ainmniú siar go ré na réamhstaire; glactar leis, mar shampla, go bhfuil Dubhgánaigh ar an oileán ó aimsir Cholm Cille. Tá Fox den bharúil gur sine arís muintir

change with the passage of time; he is no longer concerned with the rotation of the land and the division of the shore, but with the survival of his island community. Patsy Dan has devoted his energies fighting for the rights of his people. He has represented them at the Donegal County Council and in discussions with government agencies. As King of the island, he is deeply conscious of the need to produce a more diversified and prosperous economy to save his community from mass depopulation.

Patsy Dan is a member of the Rodgers family who together with the Duggans, Doohans and Divers make up 70% of the island population. Many of these families can trace their ancestry to the mists of prehistory; the Duggans, for example, are known to have been on Tory since St Colmcille's time. Fox suggests that the Rodgers family is of even greater vintage.[84] Added to this core of ancient families are a few who came to Tory during the eighteenth and nineteenth centuries, such as the Meenans and the Whorriskeys. On the whole, there have been relatively few immigrants and most marriages have been between islanders, as a result most of Tory's population are related to each other.

Tory is unique in that the islanders have three sets of names: one used only in Irish on formal occasions such as Antáin Ó Mianáin; one used in local everyday relationships in which Irish is the normal language such as Séamus Nance; and one used in English, Patrick Meenan, primarily for use with visitors and outside agencies unable to conduct conversations or transactions in Irish.

The islanders use a system of personal names which emphasises family continuity. If the eldest son is the first child, he is always named after the grandfather on his father's side. The second son is named after the grandfather on his mother's side. Daughters are named in the same fashion with names alternating between the father's side and the mother's side. Subsequent sons and daughters are usually named after uncles and aunts. Children's first names link them with a previous generation, but their second names link them with their father or mother, for example, James (son of) William, Peggy (daughter of) Dennis. Occasionally a son may take his mother's name, John (son of) Mary, and sometimes a nickname may be added, Anthony (son of) Red Patrick. This system of naming children has remained remarkably stable through the years; however, some young couples have broken with tradition and new names have been added to the traditional pool of names.

Although everyone is related to everyone else on Tory, the islanders see themselves as belonging to clanns (from Irish clanna), which denote a group of people related by common descent to a known ancestor. There are four key clanns to which most of the others are related: Clann Eoin, Clann Néilí, Clann Fheilimí and Clann Shéamuis. In each group the ultimate ancestor lived at the turn of the eighteenth century, 1780 to 1820. Membership of clanns overlaps and individuals may be members of several groups. It was the islanders' strong attachment to the land that probably gave rise to the clann system. Land, even though it is no longer farmed, is still a matter of considerable importance to Tory people. Without land an islander has no place in the social scheme of things. For purposes of land inheritance each clann represents a land-holding group. Land on death is normally transferred to a member or members of the clan, but where

Mhic Ruairí.[84] Chomh maith leis an ghrúpa seo de sheanchlanna, tá cúpla ceann eile a tháinig go Toraigh i rith an ochtú céad déag agus an naoú céad déag, macasamhail mhuintir Mhianáin agus muintir Fhuaruisce. Ar an iomlán is beag inimirce a rinneadh agus is idir oileánaigh is mó a bhí na póstaí, agus ar an ábhar sin tá formhór na ndaoine muinteartha dá chéile.

Tá Toraigh sainiúil sa mhéid is go bhfuil trí leagan dá n-ainm ag na hoileánaigh: ceann amháin nach bhfuil in úsáid ach amháin i nGaeilge ag ócáidí foirmiúla, mar shampla, Antain Ó Mianáin; gnáthcheann atá in úsáid achan lá idir daoine a bhfuil Gaeilge acu, mar shampla Séamus Neansaí; agus leagan Béarla, Patrick Meenan, a mbaintear úsáid as le cuairteoirí agus le heagraíochtaí eachtracha nach bhfuil ábalta a gcuid gnó a dhéanamh fríd an Ghaeilge.

Cuireann na hainmneacha pearsanta a bhíonn ag na hoileánaigh béim ar an chomhcheangal sa teaghlach ó ghlúin go glúin. Más é an chéad mhac an chéad leanbh, ainmnítear as an athair mór ar thaobh a athar é. Ainmnítear an dara mac as athair mór a mháthar. Déantar an rud céanna leis na hiníonacha le hainmneacha ó thaobh an athar agus ó thaobh na máthar dara achan iarraidh. Is gnách go n-ainmnítear mic agus iníonacha ina dhiaidh sin as uncailí nó aintíní. Ceanglaíonn céad ainm an pháiste le glúin a chuaigh roimhe ach ceanglaíonn an dara hainm lena athair nó lena mháthair é, mar shampla, Séamas (mac) Liam, Pegí (iníon) Dhonnchaidh. Ó am go chéile glacfaidh mac ainm na máthar, Seán (mac) Mháire, agus amanna cuirtear leasainm leis, Antoin (mac) Phádraig Rua. Is beag athrú atá tagtha ar an chóras ainmniúcháin seo thar na blianta; ach ina dhiaidh sin tá an traidisiún briste ag cúpla lánúin óg agus tá roinnt ainmneacha úra i measc na gceann traidisiúnta.

Patsy Dan Rodgers
King of Tory Island

Patsaí Dan Mag Ruairí
Rí Thoraí

Bíodh is go bhfuil achan duine muinteartha le hachan duine eile i dToraigh, amharcann siad orthu féin mar chlanna, grúpa daoine a bhfuil sinsear ainmnithe i gcoiteann acu. Tá ceithre príomhchlann ann a bhfuil an chuid is mó de na daoine eile muinteartha leo,

the clann dies out leaving land unclaimed, the overlap or links between groups are remembered in great detail by the islanders. This ensures land ends up with someone, who is a descendant of the original owner.[85]

Boats play an important role in island life and feature prominently in songs and folk tales. Although they can never assume the importance they achieved when eight herring boats, each with crews of up to nine, would sail from Tory, boats and their crews are still held in high regard by the islanders. It is easy to understand the strength of this attachment given that the boats were constructed and sailed by people related by descent from within a clann group.

Although the islanders have a strong attachment to their land and boats, and an intense loyalty to their clann, their society is based on egalitarian principles. It was a common interest in survival against the elements and the devastations of man that encouraged them in their pursuit of equal rights. Land holdings were scattered throughout the infields to ensure an equal share of the soil and just in case there was a miscarriage of justice the holdings were rotated annually by the King. A strict code of practice pertained with respect to the number of livestock each landholder could maintain on the common pasture lands so that the outfields were not over-grazed. Although reforming landlords have rendered these practices redundant, collegiality is woven into their social fabric. When the ferry boat arrives from the mainland or their boats return from the fishing grounds, everyone rushes to the slipway to help unload or to haul the boats to safety.

The islanders have particularly strong commitments to their families which gave rise in the past to an interesting household system. Such was the extent of their attachment to the family unit that when couples married they each continued to live with their parents rather than live with each other. When Fox visited Tory in 1963 he found that of fifty-one marriages some ten conformed to this pattern.[86] He thought that the practice had once been more widespread, and that at least half the married couples on the island had lived apart in the earlier years of the century. Obligations to parents and the fear of disturbing long-standing household arrangements are cited as the main justifications for the system, but the lack of homes for couples on marriage must also have been a significant factor. Now that new homes are readily available the system has disappeared.

Co-operation between neighbours is deeply rooted on Tory, particularly in relation to farm work. In the past they assisted each other with ploughing, sowing and harvesting, and with emergencies or difficulties which might arise during the birth of a calf, or when a cow was stranded on the cliffs. This co-operation is embodied in an island saying, 'When the cow is in the ditch you have to send for the neighbours'.

The Wake

Neighbourhood co-operation also extends to times of illness or death when friends take over the farm work or housework. When the news gets out on the island that there has been a death, friends will immediately go the household to help with the laying out of the body. They will also make tea and prepare food for those attending the wake, and above all they will ensure that there is someone continuously in the house to help and comfort the

mar atá: Clann Eoin, Clann Néilí, Clann Fheilimí agus Clann Shéamuis. In achan ghrúpa acu seo mhair an sinsear deireanach ag deireadh an ochtú céad déag, idir 1780 agus 1820. Rachaidh na clanna isteach ina chéile agus thiocfadh le duine bheith ina bhall de chúpla grúpa. Is dócha gurb é an ceangal láidir a bhí ag na hoileánaigh leis an talamh a chuir tús ar chóras na gclann. Tá an talamh iontach tábhachtach ag muintir Thoraí go fóill, bíodh is nach bhfuil sé á shaothrú níos mó. Gan talamh ina sheilbh, níl áit ar bith ag oileánach sa scéim shóisialta. I gcás oidhreachta talaimh de, seasann gach clann do ghrúpa a bhfuil seilbh acu ar thalamh áirithe. I ndiaidh báis is gnách úinéireacht talaimh a aistriú chuig ball nó baill den chlann, ach sa chás nach bhfuil aon duine den chlann fágtha agus go mbíonn talamh fágtha gan úinéir, déanann na hoileánaigh staidéar géar ar an dóigh a dtéann na grúpaí isteach ina chéile. Cinntíonn seo go bhfanann an talamh i seilbh duine de shliocht an chéad úinéara.[85]

Tá báid iontach tábhachtach i saol an oileáin agus luaitear go minic sna hamhráin agus sna scéalta iad. Bíodh is nach mbainfidh siad amach go brách arís an éifeacht a bhí acu nuair a sheoladh ocht mbád scadán agus suas le naonúr d'fhoireann iontu as Toraigh, tá meas go fóill ag na hoileánaigh ar na báid agus na foirne. Is furasta an cion seo a thuigbheáil ó tharla gur daoine muinteartha taobh istigh de ghrúpa clainne a thóg agus a sheol na báid seo.

Bíodh is go bhfuil ceangal láidir idir na hoileánaigh agus a gcuid talaimh agus bád, agus go bhfuil siad iontach dílis don chlann, tá an tsochaí bunaithe ar phrionsabail chothromaíochta. Ba é an mian a bhí i gcoiteann acu go mairfeadh siad ainneoin na n-eilimintí agus léirscrios an duine, a ghríosaigh iad le cothrom na féinne a thabhairt d'achan duine. Scaipeadh gabháltais bheaga ar fud na ngarpháirceanna lena dhéanamh cinnte go mbeadh sciar cothrom créafóige ann agus ar eagla go ndéanfaí faillí ba ghnách leis an Rí na gabháltais a chur ó dhuine go duine achan bhliain.

Bhí rialacha daingne ann faoin mhéid stoic a d'fhéadfadh gach seilbheoir a choinneáil ar an choimíneacht sa dóigh nach ndéanfaí ró-innilt ar na cianpháirceanna. Ainneoin nach bhfuil gá leis an chóras seo a thuilleadh de thairbhe atheagrú na dtiarnaí talún, tá an chothromaíocht fite fuaite fríd an chreatlach shóisialta.

Nuair a thagann an bád farantóireachta isteach ón tír mór nó nuair a fhilleann a gcuid bád tráthnóna i ndiaidh bheith ag iascaireacht, deifríonn achan duine síos go dtí an ché le cuidiú leis an bhád a fholmhú nó le bád a tharraingt.

Tá na hoileánaigh iontach dílis dá dteaghlaigh agus san am a chuaigh thart bhí córas spéisiúil tí acu. Bhí an ceangal chomh láidir sin leis an teaghlach go bhfanadh céilí pósta lena gcuid tuismitheoirí seachas cónaí le chéile. Nuair a thug Fox cuairt ar an oileán i 1963 thuairiseigh sé gur chloígh deich bpósadh as caoga leis an chóras seo.[86] Bhí sé den bharúil go mbíodh an nós seo níos coitianta tráth agus gur chónaigh ar a laghad leath de na lánúineacha pósta ar leithligh óna chéile i mblianta luatha an chéid. Luaitear dualgas i leith tuismitheoirí, agus leisce cur isteach ar chóras buan tí, mar phríomhchosaint ar an chóras ach caithfidh sé gur chuir an ganntanas tithíochta do lánúineacha pósta leis fosta. Anois go bhfuil tithe úra ar fáil go réidh tá an seanchóras imithe.

Tá comhoibriú idir chomharsana daingnithe i saol Thoraí, go háirithe i gcás feirmeoireachta. San am a chuaigh thart chuidigh siad lena chéile ag treabhadh, ag cur agus ag baint, agus le cruachás

bereaved until after the funeral, which is usually held on the third morning after the death.

The Wake
An Fhaire

The body is usually placed in the bedroom with a table positioned alongside. A small crucifix, a font of holy water, and a saucer with snuff used to be placed on the table and a candle set on either side.[87] The priest normally arrives at wakes around midnight to say a Rosary. After his visit the neighbours strike up a conversation with the relatives of the deceased in an attempt to take their minds off the death. In the past the conversation would carry on for hours because all clocks were stopped when a person died. However in recent years the wakes have changed; clocks are no longer stopped and cigarettes have replaced the snuff.

Keening, a lament for the dead, was performed by women at wakes until recent times. The lament was like a conversation with the dead and contained phrases such as 'I'll never see you coming past the Round Tower again', 'I'll never see you going out to sea in your boat' etc. Keening would also take place in the graveyard after the burial. The women would go down on their knees around the grave and start their cry.

The banshee has been heard on Tory and some islanders testify to hearing it crying on the night one of their parents died. The banshee, when it is close by, exudes a warmth which has been experienced by at least one family. The present King of Tory and his wife were walking along the northern cliffs one dark night when they heard a crying sound which came closer and closer until it was beside them. The King's wife became increasingly hot – excessive warmth is regarded as a sure indication of the presence of the banshee – but as the sound receded she felt cold and started to shiver; shortly afterwards there was a death at sea.

Many islanders have had premonitions or warnings of deaths. Dan Rodgers claims that a smell of tobacco is an omen of death. One night he and his wife caught a strong smell of tobacco in their home and the next morning they received a message that their best friend had drowned at sea.

Death clocks have been heard by islanders on the night before a death. Invariably they are awakened by the loud sound of a clock ticking in their bedroom even when there are no clocks in the house. The most famous death clock was associated with neighbouring Inishbofin Island; to escape the death clock the beleaguered family left to live in Glasgow but the ticking noise

nó le deacrachtaí a thiocfadh aníos le linn do ghamhain teacht ar an tsaol, nó nuair a bheadh bó i nglas binne. Tá cur síos maith ar an chomhoibriú seo sa ráiteas, 'nuair a théid an bhó in abar caithfidh tú scéal a chur faoi choinne na gcomharsan.'

An Fhaire

Baineann an comhoibriú seo le ham tinnis nó báis chomh maith nuair a ghlacfaidh cairde seilbh ar obair feirme nó tí. Chomh luath agus a rachaidh an scéal amach go bhfuil duine éigin marbh rachaidh cairde go dtí an teaghlach láithreach bonn le cuidiú leis an chorp a chóiriú. Déanfaidh siad réidh tae agus bia chomh maith dóibh siúd atá ag an fhaire, agus thar rud ar bith eile déanfaidh siad cinnte go bhfuil duine éigin sa teach i gcónaí le cuidiú agus le sólás a thabhairt do mhuintir an mharbhánaigh go mbeidh an tórramh thart, agus bíonn sin ann ar an tríú maidin i ndiaidh an bháis de ghnáth.

Bíonn an corp sa seomra leapa de ghnáth agus tábla lena thaobh. Chuirtí cros bheag, soitheach beag uisce choisricthe agus pláta beag snaoisín ar an tábla agus coinnle ar achan taobh díobh.[87] Is gnách leis an sagart teacht chuig an fhaire thart ar an mheán oíche leis an phaidrín a rá. I ndiaidh a chuairte tosóidh na comharsana ag comhrá le muintir a tí ag iarraidh a n-intinn a thógáil den bhás. San am a chuaigh thart théadh an comhrá ar aghaidh ar feadh uaireanta nó stadtaí an clog nuair a gheobhadh duine bás. Le tamall anuas, áfach, tá athrú tagtha ar fhairí; ní stadtar an clog níos mó agus gheibhtear toitíní in áit an tsnaoisín.

Dhéanadh mná caoineadh don mharbhánach ag an fhaire go dtí le blianta beaga anuas. Bhí sé mar a bheadh comhrá leis an duine marbh ann agus bhíodh rainn ann cosúil le 'ní fheicfidh mé arís thú ag teacht aniar ag an chloigtheach', 'Ní fheicfidh mé go brách ar ais thú ag dul chun na farraige'. Dhéantaí an caoineadh sa reilig fosta i ndiaidh an adhlactha. Théadh na mná ar a nglúine thart ar an uaigh agus thosódh an caoineadh.

Cluineadh an bhean sí ar Thoraigh agus dearbhaíonn cuid de na hoileánaigh gur chuala siad í ar an oíche a bhfuair duine de na tuismitheoirí bás. Nuair atá sí cóngarach duit, cuireann an bhean sí amach teas, agus mhothaigh ar a laghad teaghlach amháin an teas sin. Bhí Rí Thoraí agus a bhean ag siúl thuas ar na beanna ó thuaidh oíche dhorcha amháin nuair a mhothaigh siad caoineadh a tháinig níos cóngaraí agus níos cóngaraí dóibh go raibh sé in aice leo. Bhí bean an rí ag éirí iontach te – is comhartha go bhfuil bean sí a chóir baile é an teas iontach seo – ach de réir mar a d'imigh an caoineadh d'éirigh sí fuar agus thosaigh sí ag crith; tamall ina dhiaidh sin cailleadh duine ar an fharraige.

Tá oileánaigh go leor a fuair tuar nó rabhadh báis. Deir Dan Mac Ruairí gur tuar báis é boladh tobac. Oíche amháin fuair sé féin agus a bhean boladh láidir tobac ina dteach agus lá arna mhárach tháinig scéal chucu gur bádh cara mór dóibh ar an fharraige.

Tá iomrá gur cluineadh clog na marbh oíche roimh bhás duine. Go hiondúil músclaítear iad ag trup ard cloig ag ticeáil ina seomra, fiú sa teach nach bhfuil clog ar bith ann. Tá clú ar leith ar chlog a bhaineann le hInis Bó Finne, oileán eile sa cheantar; le réitithe a fháil den chlog, d'imigh an teaghlach anonn go Glaschú ach lean an ticeáil iad. Sa deireadh d'fhill siad anall go hInis Bó Finne agus tháinig an clog anall fosta.[88]

Tá sé ráite go dtáinig Naomh Bríd chuig cuid de na tithe ar an oileán le rabhadh báis a thabhairt. Tháinig sí chuig teach amháin

followed them. They eventually returned to Inishbofin and the clock came back with them.[88]

St Brigid has also appeared at some island homes to give warning of death. She visited one home on Tory on St Brigid's Eve (31 January) and rocked a sick child in its cradle. The child's mother was awakened by the noise of the cradle rocking. The child's health deteriorated rapidly and it died before dawn.

Occasionally the dead would come back again to warn the family of impending events, or simply to reassure them of their continuing presence in the household. Padraig Og Rodgers, for example, heard a knock on the door one night, and when he went out to investigate met his cousin, who had been buried three weeks previously.

Gráinne Doohan relates a story of her father who went to the toilet one night, and when he tried to get up two cold hands came over his eyes and he couldn't move. Eventually he was released and he shouted out in terror. His father came to see what was wrong and he told him that an old woman had been holding him. When he described her his father confirmed that it had been his grandmother, who had been dead for some time.[89]

Funerals on Tory were always scheduled for 11 o'clock in the morning. If the death occurred at West Town the coffin would be carried to the chapel; when the death was at East Town, a donkey and cart transported the coffin. A donkey was preferred to a horse because of its association with the Bible; nowadays a tractor and trailer perform the task.

The Sick

For long periods in Tory's history there was not even a nurse on the island. In an emergency a boat would have to go to the mainland to fetch a doctor. Many doctors refused to venture across the seas to Tory and often quoted an exaggerated fee to make their services prohibitive to the island community. One doctor demanded a fee of £2 in advance before travelling to Tory; after he had performed his duties the islanders refused to take him back until he had paid £5 for the return boat trip. More frequently doctors required sick persons to travel to the mainland for attention. Such trips, often in raging seas, did little to improve the condition of patients.

Island nurses were held in greater esteem by the islanders. A whole series of Public Health nurses such as Nurse McVeagh, Nurse Savage and Nurse Rodgers are remembered with great affection. Nurse McVeagh, who served on the island from 1936 to 1953, seems to have placed more emphasis on local cures and remedies than on orthodox medication. She would arrive for the delivery of a child with a black bag in which she carried a pair of shoes and a pair of rubber gloves; the gloves were placed aside, but the shoes were thrown under the bed for luck.[90]

When there was no nurse on the island, local remedies and cures were all that stood between the patients and death: nettles boiled and made into a soup provided relief from arthritic pains; blood from a rooster's comb gave relief from shingles; the egg of a pullet was applied to styes; poteen was rubbed on strains; and the application of water from one of the hollow stones at the Round Tower alleviated aches and pains.[91]

i dToraigh ar oíche Fhéile Bríde (31 Eanáir). Músclaíodh máthair an linbh le luascadh an chliabháin. D'éirigh an leanbh iontach tinn go gasta agus fuair sé bás roimh theacht dhearg an dá néal.

Ó am go chéile thagadh na mairbh ar ais le rabhadh a thabhairt faoi rud éigin a bhí ag dul a tharlú, nó go díreach lena chur in iúl do bhunadh an tí go raibh siad faoin teach go fóill. Mar shampla, chuala Pádraig óg Mac Ruairí cnag ag an doras oíche amháin agus nuair a chuaigh sé amach bhuail sé le col ceathrair dá chuid a cuireadh trí seachtaine roimhe sin.

Insíonn Gráinne Uí Dhubhchoin scéal fána hathair a chuaigh amach chuig an leithreas oíche agus nuair a chuaigh sé le héirí tháinig dhá lámh fhuara ar a shúile agus ní raibh sé ábalta bogadh. Sa deireadh scaoileadh saor é agus lig sé scread as. Tháinig a athair amach lena fháil amach cad é bhí ciotach agus dúirt sé gur seanbhean a bhí á choinneáil. Nuair a rinne sé cur síos uirthi, dhearbhaigh a athair gurbh í a mháthair mhór a bhí ann, a bhí marbh le tamall.[89]

Bhíodh na tórraimh i gcónaí ag a haon déag ar maidin. Más ar an Cheann Thiar a fuair an duine bás d'iomprófaí an chónair go Teach an Phobail; más ar an Cheann Thoir a tharla sé, asal agus carr a bhéarfadh anoir an chónair. B'fhearr asal ná beathach, de thairbhe an cheangail a bhí ag asal leis an Bhíobla; an lá atá inniu ann is tarracóir agus leantóir a dhéanfaidh an gníomh.

Na Daoine Breoite

Ar feadh tréimhsí fada i stair Thoraí ní raibh banaltra, fiú, ar an oileán. I gcás éigeandála théadh bád amach chun na tíre le dochtúir a fháil. Dhiúltaigh go leor dochtúirí dul isteach go Toraigh agus d'iarr siad táillí iomarcacha sa dóigh nach dtiocfadh le bunadh an oileáin iad a iarraidh. D'iarr dochtúir amháin táille £2 roimh ré sula rachadh sé go Toraigh; i ndiaidh dó a dhualgais a chomhlíonadh dhiúltaigh na hoileánaigh é a thabhairt amach ar ais go ndíolfadh sé £5 don turas isteach agus amach. An chuid is mó den am d'iarrfadh dochtúirí ar dhaoine teacht amach chun na tíre le hiad a fheiceáil. Go minic is fríd fharraigí troma a rinneadh na turais seo agus ní rómhaith a chuaigh na turais chéanna don duine breoite.

Ba mhó an meas a bhí ag na hoileánaigh ar na banaltraí. Is le cion a chuimhnítear ar go leor banaltraí sláinte pobail mar an Bhanaltra Nic an Bheatha, an Bhanaltra Ní Shabhaois agus an Bhanaltra Mhic Ruairí. D'oibrigh an Bhanaltra Nic an Bheatha ar an oileán ó 1936 go 1953, agus is cosúil gur chuir sí níos mó béime ar leigheasanna áitiúla seachas leigheas ortadocsach. Thagadh sí le cuidiú le leanbh teacht ar an tsaol le mála dubh ina mbíodh péire bróg agus péire miotóga rubair; chuirtí na miotóga ar leataobh ach chuirtí na bróga faoin leaba le hádh a tharraingt ar an teach.[90]

An t-am nach mbíodh banaltra ar an oileán ní raibh idir an t-othar agus an bás ach leigheasanna áitiúla; bhéarfadh sú déanta as neantóga bruite faoiseamh ó phianta cnámh; bhéarfadh fuil ó chírín coiligh faoiseamh ón deir; chuirtí ubh eireoige ar shleamhnáin; chuimlítí poitín ar leonta; agus chuirtí uisce as ceann de na cuarchlocha ag an chloigtheach le faoiseamh a thabhairt ar phianta agus arraingeacha.[91]

Ba chasta na leigheasanna a bhí de dhíth do ghalar croí agus tinnis ar nós an treacha. I gcás galar croí, chaitheadh an duine luí síos ar an fhéar agus chuirtí cloch bheag ag an cheann agus ag na

Paul Rodgers
and his wife Mary,
the island nurse

Pól Mag Ruairí
agus a bhean Máire, banaltra an oileáin

More complex remedies were required for complaints of the heart and ailments such as whooping cough. In the case of heart problems, a person was made to lie down flat on the grass with a small stone placed at the head and the feet. A hole was dug near the stone placed at the patient's head and the person concerned had to breathe into it three times to obtain relief. For whooping cough, the affected child would be passed under a donkey three times by persons standing on either side of the beast. The donkey would then be given a piece of bread to eat and the crumbs that fell from its mouth would be placed in the child's mouth.

There were many cures for warts. The most common was to rub the wart with a piece of meat or the white of bacon and place the meat under a rock; as the meat decayed the wart disappeared. Sometimes warts were transferred to other islanders. Attractive parcels containing stones or small pieces of stick, equivalent to the number of warts, were left along the wayside to be picked up by the inquisitive visitor. The warts were then transferred to the person who had acquired the parcel.

Certain people on the island had powers of curing. It was believed that a boy who was born legs first had such powers, as had a boy who had never seen his father. They had the ability to cure ailments simply by handling or breathing on the affected parts.

A helicopter service now brings a doctor from Falcarragh at regular intervals to check on the health of the islanders. The helicopter service can also be called in an emergency to bring a doctor to the island or transport a sick person to hospital. The islanders are conscious of their dependence on the good medical services provided by the Letterkenny Hospital, and they have been most generous in raising funds for the purchase of medical equipment. It is not unknown for cheques amounting to £10,000 to be handed over to the medical authorities by the Tory community.

Song and Dance

Pride in Tory culture is best represented at their céilis when their musicians play haunting melodies, their storytellers recite ballads and relate tales of heroic deeds, and their singers perform in the traditional or sean-nós manner.

Traditional music, dance and song are vibrant aspects of Tory culture. The island has a number of accomplished traditional musicians, including several melodeon and accordion players. Paul

cosa. Dhéantaí poll a thochailt taobh leis an chloch ag ceann an othair agus chaithfeadh an duine sin anáil a shéideadh isteach sa pholl trí huaire le faoiseamh a fháil.

Dá mbeadh triuch ar pháiste sheasadh daoine ar achan taobh d'asal agus chuirtí an páiste trí huaire faoi bholg an asail. Bheirtí giota aráin le hithe don asal ansin agus chuirtí cibé grabhróga a thit amach as a bhéal i mbéal an pháiste.

Is iomaí dóigh a bhí acu le faithní a leigheas. An leigheas ba choitianta ná giota feola nó craiceann bagúin a chuimilt leis an fhaithne agus ansin an fheoil a chur faoi chloch; de réir mar a lobhfadh an fheoil, d'imeodh an fhaithne. D'fhágtaí bearta beaga deasa de chlocha nó de ghiotaí adhmaid, an oiread céanna is a bhí d'fhaithní ann, ar an bhealach le go dtógfadh cuairteoir fiosrach an beart. D'aistreofaí na faithní chuig an duine sin ansin.

Bhí daoine ann a raibh leigheas ar leith acu. Chreidtí go raibh sin amhlaidh faoi ghasúr a rugadh ar lorg a chos agus faoi ghasúr nach bhfaca a athair riamh. Bhí siad ábalta lámh a leagan ar an bhall ghortaithe nó fiú análú air agus é a leigheas.

An lá atá inniu ann bhéarfaidh seirbhís héileacaptair dochtúir isteach ón Fhál Charrach go rialta le freastal ar na hoileánaigh. Is féidir an tseirbhís seo a úsáid chomh maith le dochtúir a thabhairt isteach chun an oileáin nó le duine breoite a thabhairt go dtí an otharlann i gcás éigeandála. Tuigeann na hoileánaigh go maith go bhfuil siad ag brath ar dhea-sheirbhís sláinte ó Otharlann Leitir Ceanainn agus is go fial flaithiúil a bhailíonn siad airgead le trealamh a cheannach. Bronnann muintir Thoraí seiceanna le luachanna chomh hard le £10,000 ar na húdaráis sláinte go minic.

Amhráin agus damhsa

Ag na céilithe is mó a léirítear an bród as cultúr Thoraí, nuair a bhuaileann na ceoltóirí foinn dhodhearmadta, a insíonn seanchaithe scéalta laochais agus a cheolann na ceoltóirí ar an sean-nós.

Is gnéithe láidre iad an ceol, na hamhráin agus na damhsaí i gcultúr Thoraí. Tá go leor ceoltóirí traidisiúnta oilte ar an oileán, agus neart seinnteoirí mcileoidin agus cairdín ina measc. Bronnadh an dara háit i gcraobh na hÉireann sa chomórtas boscadóireachta ar Phól Mac Ruairí agus d'eisigh sé ceirnín da chuid ceoil ar na mallaibh. Is scoth ceoltóra é Rí Thoraí, Patsaí Dan Mac Ruairí, agus i 1998, d'eisigh sé albam de cheol traidisiúnta i gcuideachta 'Na Gaeil Mhire'. Go minic beidh Patsaí Dan Mac Ruairí ag bualadh ceoil thíos ar an ché le fáilte a chur roimh an bhád farantóireachta agus é ag teacht isteach, imeacht a ndéantar cuid mhór cainte fá dtaobh de agus a théann síos go hiontach maith le cuairteoirí. Bheireann an fháilte cheolmhar ar leith seo le fios cé chomh tábhachtach agus atá an ceol, an amhránaíocht agus an damhsa ar Thoraigh go dtí an lá atá inniu ann.

Is páirt riachtanach de chultúr Thoraí é an céilí. Ba ghnách leis na céilithe seo bheith i dteach na scoile ach anois is sa chlub shóisialta a bhíonn an chuid is mó de na céilithe. Is ócáid thábhachtach shóisialta é an céilí don oileánach agus don chuairteoir araon, go háirithe i rith an tsamhraidh nuair a bhíonn céilí ann chóir a bheith achan oíche.

Ábhar spéise go bhfuil go leor de na stíleanna damhsa speisialta do Thoraigh amháin. Ní amháin go ndéantar na seiteanna agus ríleanna móra macasamhail 'Ionsaí na hInse', 'Ballaí Luimnigh' agus 'Cor Seisir Déag', ach chomh maith leis sin déantar damhsa

Rodgers was awarded second prize in the All-Ireland Accordion competition and has recently released an album of his music. The King of Tory, Patsy Dan Rodgers, is also a fine accordion player, and in 1998, he released an album of traditional music with Na Gaeil Mire. Patsy Dan Rodgers sometimes welcomes the incoming ferry by playing tunes on the pier, an event much appreciated and frequently commented upon by visitors. This distinctive musical greeting gives an indication of the importance of traditional music, song and dance on Tory to the present day.

Dance is an integral part of Tory culture. Dancing practice traditionally took place in the schoolhouse but today most dancing takes place in the Social Club. The céilí is an important social occasion for locals and visitors alike, particularly during the summer when céilís are held almost nightly. Interestingly, many aspects of the local dancing styles are unique to Tory. Tory dancers not only perform the great Irish sets and reels such as '*Ionsaí na hInse*', '*Ballaí Luimnigh*' and '*Cor Seisear Déag*', but also dances which are not well known outside Donegal, such as '*An Maidrín Rua*', '*Maggie Pickie*' and the '*Waves of Tory*'.[92]

The dancing tradition on Tory has often been significantly influenced by cultural developments on the mainland. The Gaelic revival, for instance, had a profound effect on Tory dance, and the Gaelic League group dances gradually became a part of the island's dancing tradition. These dances were outlined in *Ár Rinncidhe Foirne*, the authoritative dance textbook published by An Coimisiún le Rincí Gaelacha in 1939. As the book was not available on Tory, variations of the standard Gaelic League group dances developed on the island; these variations are danced to the present day.[93]

Frequently, older dance forms have survived on Tory though they have lapsed or have been superseded elsewhere. Although the remoteness of the island has contributed to the survival of older dance forms, the vitality of its dancing tradition is an equally significant factor, and the current vibrancy of Tory's dance culture is an important part of its heritage.

The emphasis on oral expression provided for a situation on Tory where individual and local practices prevailed over the written or published records of traditional dances. The island version of the '*Cor Ochtair*' provides a good example. When the young people of the island decided to revive the '*Cor Ochtair*' in the 1940s, rather than consult a book they referred to the memories of older people such as James Dixon and his sister Gráinne, who had often danced the local version of this eight-hand reel. When a disagreement arose between James and Gráinne over the choreography of the part of the dance known as '*Cúl le Cúl*', the dispute was resolved by consulting Pádraig Antain, who, it was unanimously agreed, knew the correct way to perform it.

As well as the Gaelic League group dances, set dances such as the Lancers and Sets of Quadrilles are performed on Tory; they are known on Tory as Na Sets. Tory is considered to be among the few remaining places in Donegal where sets are still danced. Unlike dance practices on the mainland, no distinction is made between these set dances and the Gaelic League group dances. Lillis Ó Laoire, an expert on Tory's music and dance, regards this as unusual for the two kinds of dancing seem to occupy opposite sides of an ideological divide. Gaelic League dances were associated with cultural Puritanism, and set dances were regarded as external practices divorced from the Gaelic tradition.[94]

nach bhfuil aitheanta go coitianta taobh amuigh de Dhún na nGall, mar 'An Maidrín Rua', 'Maggie Pickie' agus 'Tonnaí Thoraí.'[92]

Is minic a chuaigh forbairt chultúrtha ar an tír mór go mór i bhfeidhm ar thraidisiún damhsa Thoraí. Chuaigh Athbheochan na Gaeilge, mar shampla, i bhfeidhm ar na damhsaí i dToraigh agus de réir a chéile tugadh damhsaí Chonradh na Gaeilge isteach i ndamhsa traidisiúnta an oileáin. Tá cur síos ar na damhsaí seo sa lámhleabhar údarásach, *Ár Rinncidhe Foirne,* a cuireadh i gcló i 1939 ag An Coimisiún le Rincí Gaelacha. Ó tharla nach raibh an leabhar ar fáil i dToraigh, d'fhás leaganacha éagsúla de na damhsaí ar an oileán; is iad na leaganacha seo a dhéantar go dtí an lá atá inniu ann.[93]

Go minic maireann seanstíleanna damhsa ar Thoraigh bíodh is go bhfuil siad ligthe i ndearmad nó athraithe in áiteanna eile. Is cinnte go mbaineann iargúltacht an oileáin leis an dóigh a maireann seanstíleanna damhsa ann ach tá beogacht an traidisiúin damhsa chomh tábhachtach céanna, agus tá beocht chultúr damhsa Thoraí mar bhunchloch ag a hoidhreacht.

D'fhág an bhéim a bhí ar bhéaloideas go bhfuair nósanna áitiúla agus indibhidiúla an bua ar thaifid scríofa agus fhoilsithe de dhamhsaí traidisiúnta. Is sampla maith é leagan an oileáin den 'Chor Ochtair'. Nuair a shocraigh na daoine óga ar an oileán an 'Cor Ochtair' a thabhairt ar ais sna 1940í ní chuig leabhar a chuaigh siad ach chuig cuimhní na seandaoine, leithéidí James Dixon agus a dheirfiúr, Gráinne, ar ghnách leo an leagan áitiúil a dhamhsa go minic. Nuair a tharla easaontas idir James agus Gráinne faoin dóigh ar chóir an chuid den damhsa a dtugtar an 'cúl le cúl' air a dhéanamh, chuaigh siad i gcomhairle le Pádraig Antain le réiteach a fháil, nó d'aontaigh achan duine gur aige a bhí an leagan ceart.

Chomh maith le damhsaí Chonradh na Gaeilge déantar damhsaí seit ar nós na Lancers agus Cuadraillí ar Thoraigh; tugtar 'Na Sets' orthu i dToraigh. Aithnítear go bhfuil Toraigh ar cheann den chúpla áit i nDún na nGall ina ndéantar na seiteanna go fóill. Ní hionann agus an tír mór ní dhéantar idirdhealú ar bith idir na seiteanna seo agus damhsaí foirne an Chonartha. Dar le Lillis Ó Laoire, saineolaí ceoil agus damhsa, go bhfuil seo iontach neamhchoitianta nó de réir cosúlachta tá an dá stíl ag sarú a chéile ó thaobh idé-eolaíochta de. Baineann damhsaí an Chonartha le piúratánachas cultúrtha agus feictear na seiteanna mar chleachtas atá scartha ón traidisiún Gaelach.[94]

Ócáidí ar leith le linn na bliana ba ea cuairteanna grúpaí damhsóirí ón tír mór agus as na hoileáin eile máguaird. Ba i dteach

The island has a number of accomplished musicians

Chan iad na ceoltóirí is gainne ar an oileán

William Dougan
dances *An Maidrín Rua*

Liam Ó Dúgáin ag dul don damhsa
An Maidrín Rua

The visit of dancing groups from neighbouring islands and the mainland were important events in the Tory calendar. The schoolhouse used to be the venue for the annual summer visit of the people from Inishbofin. They would come in by currach in the early evening, dance all night and return home by morning sunlight. An equally popular event was the summer visit of the people from Rannafast, but they came during the day. If the schoolhouse was in use dancing would take place on the pier.

Dances were attended by the whole community, although the children had no more than observer status and had to behave in a subdued manner; as they grew older they would be included in dance sets to make up the required numbers. Thus the younger members were gradually introduced to and absorbed into the dance circle.

It was common practice for singers to be called out in sequence to perform during the middle of the dance; soon after this the singers, generally older islanders, would depart and the dancing would continue. In recent years the pattern has changed with singers interspersed between the individual dances to encourage older people to remain longer at the céilí. The older islanders have an honoured place at these dances and no gathering is complete without them. Ó Laoire comments that they observe the proceedings from the privileged viewpoint of those who have passed through life and are now at the far end of it. An early departure from the dance could be interpreted as a kind of premonition of death, an unpleasant inevitability of which nobody wishes to be reminded.[95]

There is considerable interest in singing on Tory and there are many excellent singers, who perform in the sean-nós or traditional style. The strength of the singing tradition is reflected in many fine songs, both in Irish and English, such as '*Éirigh suas a Stóirín*', '*An Buachaill Deas Óg*' and '*Buachaill ón Éirne*', which date back to the nineteenth century. These songs have been passed down

na scoile a bhíodh an céilí bliantúil nuair a thiocfadh muintir Inis Bó Finne ar cuairt sa tsamhradh. Thagadh siad i gcuracha tráthnóna, dhamhsódh siad i rith na hoíche agus d'fhilleadh siad abhaile le héirí na gréine. Cuairt samhraidh eile a mbíodh daoine ag dúil léi ná cuairt mhuintir Rann na Feirste ach is sa lá a thagadh siadsan. Dá mba rud é go raibh teach na scoile gnóthach is ar an ché a dhéantaí an damhsa.

Théadh an pobal uilig go dtí na céilithe ach gur ag amharc a bhíodh na páistí agus chaitheadh siad múineadh a bheith orthu; de réir mar a d' éireodh siad níos sine ligeadh isteach sna damhsaí iad nuair a bheadh cúpla duine eile de dhíth leis na huimhreacha a dhéanamh suas. Is mar sin a tugadh na daoine óga isteach agus a glacadh isteach i ngrúpa na ndamhsóirí iad.

Ba é an gnáthnós ná go scairtí amach amhránaithe in ord áirithe le hamhrán a rá i lár an damhsa; go gairid ina dhiaidh sin d'imeodh na hamhránaithe, na hoileánaigh is sine de ghnách, agus thosódh an céilí arís. Tá athrú tagtha ar an nós seo le blianta beaga anuas agus iarrtar ar na hamhránaithe teacht amach idir damhsaí, sa dóigh go bhfanfadh na seandaoine níos moille. Tá seasamh ar leith ag na seandaoine ag na céilithe agus cronaítear iad mura mbíonn siad i láthair. Deir Ó Laoire go bhfuil siad ábalta suí siar agus amharc ar na himeachtaí seo leis an chiall a bhíonn ag daoine atá i ndiaidh dul fríd an saol agus atá anois ag tarraingt ar cheann scríbe. Bheadh imeacht luath ón chéilí cosúil le comhartha báis de chineál éigin, rud nach féidir a sheachaint ach nach mian linn go gcuirfí i gcuimhne dúinn é.[95]

Tá suim mhór san amhránaíocht ar Thoraigh agus neart amhránaithe den scoth ann, a cheolann sa tsean-nós. Tá láidreacht an traidisiúin amhránaíochta le sonrú sna hamhráin mhaithe i nGaeilge agus i mBéarla, ar nós *Éirigh suas a Stóirín*, *An Buachaill Deas Óg* agus *Buachaill ón Éirne* a théann siar go dtí an naoú céad déag. Tháinig na hamhráin seo anuas ó ghlúin go glúin go dtí an t-aos óg atá inniu ann. Nuair a cheolann duine óg ceann de na seanamhráin seo tig cumha ar na seandaoine; smaoiníonn siad ar an té a cheoladh blianta ó shin é, agus tá sé mar a bheadh an duine sin beo arís.

Is é an *Maidrín Rua* an sampla is fearr d'amhráin Thoraí nó is amhrán agus damhsa le tionlacan bosca é. Tosaíonn sé leis an bhoscadóir ag bualadh an phoirt agus ina dhiaidh sin ceoltar an chéad véarsa; nuair a bhuailtear an port arís damhsaíonn an t-amhránaí sleaschéim. Leantar den amhrán, den bhualadh agus den damhsa go gcríochnaítear le caithréim agus ar ndóigh bualadh bos mór spleodrach ón lucht éisteachta. B'eiseamláirí iontacha den léiriú seo Séamus Ó Dubhgáin agus Pádraig Mac Laifeartaigh nach maireann. An lá atá inniu ann déanfaidh Éamonn Mac Ruairí nó Liam Ó Dubhgáin é.

Is amhrán clúiteach de chuid Thoraí é *'An Bhó Chrúbach'* (an bhó le hadharca casta). Insítear an scéal faoin fhear as Toraigh a chuaigh chun aonaigh ar an Fhál Charrach agus a cheannaigh bó ó dhuine as Cnoc Fola. Thug sé an bhó ar ais go Toraigh ach ní raibh dúil riamh i dToraigh aici agus fuair sí bás go hóg.

Rinne an t-oileánach curach den chraiceann agus chuir sé ar snámh sa chuan é. Oíche amháin chaill sé an t-ancaire agus d'imigh an bhó, bíodh is gur athraíodh a cuma, ar ais go dtí an tír mór. Deir fear a bhfuil báid aige go bhfuil an churach ina sheilbh go fóill agus tairgeann sé turais go Toraigh agus fios aige go dtiocfaidh siad ar ais ar an lá céanna nó níl dúil ar bith ag an bhád san áit.

orally to the present generation. When a young person sings these songs the old people are filled with nostalgia; they remember who sang these songs years before, and that person is brought back to life again.

The most quintessential Tory song is '*An Maidrín Rua*', which is not only a song but a dance act with accordion accompaniment. '*An Maidrín Rua*' commences with the accordion player playing the tune, and when the musician has finished the singer sings the first verse; the musician plays the tune again and the singer commences dancing a side-step. Singing, playing and dancing are repeated until the performers finish with a flourish, invariably accompanied by spontaneous applause from the onlookers. Jimmy Duggan and Patrick McClafferty, both deceased, were regarded as fine exponents of this act. Nowadays it is danced by Eamonn Rodgers and by William Dougan.

'*An Bhó Chrúbach*' ('The cow with the turned-in or crumpled horns') is another of Tory's best known songs. The song tells of a Tory man who went to a fair in Falcarragh and bought a cow from a man on the Bloody Foreland. He took the cow to Tory, but it never liked the island and died prematurely. The islander kept the cow's hide and made a currach from it which he placed in the harbour. One night the boat broke anchor and the cow, albeit in its new form, made its way back to the mainland. A boat owner on the mainland claims that he still possesses the currach, and he offers to take visitors to Tory in the sure knowledge that they will be brought back the same day, as the boat doesn't like it out there.

Ó'Laoire suggests that there is a strong sense of the aesthetic of song among the islanders. Good singers, admired and described as having a very good voice, are asked to sing a song at the Social Club; those specially admired are asked to sing a second song. The next day the events of the previous night are discussed in the minutest detail, and during these conversations the merits of particular performances are assessed. A singer's command of English might be criticized, or if the singer had not sung the verses of a song in Irish in the correct order according to the established practice of the island, this would also be mentioned. The musical peculiarities of particular singers would also be discussed and differences between versions alluded to. If a singer introduced a new touch or twist to the song, this would either be praised or deemed unsuitable.[96]

The song and dance traditions of Tory play an important role in the existence of the island community and root them firmly to their island home.

Storytelling

Storytelling is also a favourite pastime. In the past there were many good storytellers such as Dónal Doohan and Patrick Og Rodgers, and this tradition is continued to the present day by men and women such as Dan Rodgers, Patsy Dan Rodgers and Gráinne Doohan. The art of storytelling seems to run in families : Dónal Doohan inherited his repertoire of stories from his father, who was a well-educated man; Dan Rodgers from his uncle Denis, who was an avid reader; Patrick Og Rodgers from his father, who was conversant with the history of Tory; Gráinne Doohan was strongly influenced by her mother; and Patsy Dan Rodgers by his father.

Dar le Ó Laoire go bhfuil ciall d'aeistéitic an amhráin ag na hoileánaigh. Tá meas ar amhránaithe maithe agus deirtear go bhfuil guth maith acu. Iarrtar ar na daoine is fearr an dara hamhrán a rá ag an chéilí sa chlub shóisialta. An lá arna mhárach pléitear gach mionphointe ón oíche roimhe agus mar chuid de na comhráite seo déantar measúnú ar cé chomh maith agus a bhí na hamhráin agus na damhsaí. B'fhéidir go gcaithfí anuas ar Bhéarla amhránaí nó murar ceoladh na véarsaí san ord ceart de réir nós an oileáin dhéanfaí tagairt do sin fosta. Labhraítear faoi na dóigheanna éagsúla a bhíonn ag amhránaithe áirithe agus tráchtar ar na difríochtaí idir leaganacha éagsúla d'amhrán. Dá mba rud é gur chuir amhránaí athrú nó casadh úr in amhrán, mholfaí nó cháinfí é.[96]

Tá traidisiúin amhránaithe agus damhsa Thoraí ar cheann de na fáthanna gur ann do phobal ann i dtólamh, agus ceanglaíonn siad go teann lena mbaile ar an oileán iad.

Scéalaíocht

Is caitheamh aimsire coitianta í an scéalaíocht chomh maith. San am a chuaigh thart bhí go leor scéalaithe maithe ann, cosúil le Dónall Ó Dubhchoin agus Pádraig Óg Mac Ruairí, agus leantar leis an traidisiún go dtí an lá atá inniu ann le fir agus mná cosúil le Dan Mac Ruairí, Patsaí Dan Mac Ruairí agus Gráinne Uí Dhubhchoin. Is cosúil go bhfuil bua na scéalaíochta i dteaghlaigh. Thóg Dónall Ó Dubhchoin a chuid scéalta óna athair, fear léannta; thóg Dan Mac Ruairí a chuidsean óna uncail Donnchadh, a léigh go cíocrach; fuair Pádraig Óg Mac Ruairí a chuid scéalta óna athair, a bhí eolach ar stair Thoraí; chuaigh a mháthair go mór

Dan Rodgers, one of the island's story tellers

Dan Mag Ruairí, seanchaí de chuid an oileáin

The tales open up a fantastic world in which there is little in the way of distinction between the natural and the supernatural, and between one millennium and the next. A visitor once remarked to Patrick Og Rodgers that many of his tales about the Tuatha Dé Dana could not be true. Patrick assured him that Tory was under the magic spell of the Danaans at that time and all things were possible. There were no such doubts among his Tory audience; they knew every nuance, and relished every phrase even though they had heard the stories before.

Tales of the supernatural take pride of place around the fireside. Sometimes the fairies resemble animals or birds, and sometimes they remain invisible, but mostly they appear as people. The more remote parts of the island, particularly along the northern coastline, were regarded as the haunt of the fairies. The places where the fairies lived were usually referred to as gentle places and these were not to be approached by human beings. The fairies used several methods to prevent humans from straying onto their territory. In certain circumstances gold coins or tobacco were placed on the edge of the cliffs leading to their homes, and when humans tried to catch them a fairy whirlwind or a wave would carry them to their death in the sea.

Port Doon features in one or two tales. By all accounts attempts were made in the past to build houses at the harbour, but the fairies removed by night the walls, which had been constructed during the day; eventually the builders gave up in despair. When a house was built over a fairy pathway, the fairies continued to use the pathway even though it meant entering the home by one door and going out through another. Such persistent disturbances, in the end, persuaded the householder to vacate the premises.

The islanders were also dissuaded by the fairies from using the harbour at Port Doon. On numerous occasions currachs returning from sea were unable to beach due to unexpectedly turbulent waters. According to Donal Doohan, it was the fairies, who prevented them from landing on their gentle place; in the circumstances the currachs had to land elsewhere.[97]

The fairies often resorted to violence to protect their territories. Patrick Og Rodgers told me that stones had been thrown at him and his wife when they were walking near gentle places along the northern coast and at the Lloyds signalling station.

Occasionally an islander would come upon a fairy house. Gráinne Doohan tells the story of a man, who stumbled upon a house along the northern cliffs which he didn't recognise. On entering the house he found it full of music, and he was advised by a red-haired woman at the entrance not to eat or drink anything whilst there, otherwise he would come under the spell of the fairies and remain with them for the rest of his life. He recognised her as the young woman, who had disappeared the previous Hallow'een. He hurriedly left the house, but when he was outside he could find no trace of the building.

Fairies frequently carried away women on Tory Island. A married woman from the East End, who was abducted by the fairies, managed to get word to her husband to be at Port Doon on Hallow'een. There he would see three sheep crossing the narrow entrance to Tor Mor; he was to stab the last sheep with a knife and he would get his wife back. The husband waited patiently for the three sheep to appear, but he hesitated and missed the opportunity to kill the third sheep. He lost his wife forever.

i bhfeidhm ar Ghráinne Uí Dhubhchoin; agus d'fhoghlaim Patsaí Dan Mac Ruairí a chuid scéalta óna athair.

Nochtann na scéalta domhan iontach nach bhfuil mórán d'idirdhealú idir an nádúrtha agus an t-osnádúrtha ná idir mílaois amháin agus mílaois eile. Dúirt cuairteoir le Pádraig Óg Mac Ruairí am amháin nach dtiocfadh le cuid mhór dá chuid scéalta faoi Thuatha Dé Danann bheith fíor. Chinntigh Pádraig dó go raibh Toraigh faoi dhraíocht acu ag an am sin agus go dtiocfadh le rud ar bith bheith fíor. Ní raibh amhras ar bith ar lucht éisteachta Thoraí; bhí achan mhionshonra ar eolas acu agus bhain siad sult mór as achan fhocal, bíodh is go raibh na scéalta cluinste acu go mion minic roimhe seo.

Is iad na scéalta osnádúrtha na barrscéalta cois tine. Amanna beidh cruth ainmhí nó éin ar na sióga agus amanna eile beidh siad dofheicthe, ach don chuid is mó glacfaidh siad cuma dhaonna orthu féin. Is sna críocha is iargúlta den oileán a bhíodh na sióga, go háirithe ar an chósta ó thuaidh. Bheirtí áiteanna uaisle ar na háiteanna a raibh cónaí ar na sióga agus níor chóir do dhuine ar bith dul dá gcóir. Is iomaí dóigh a bhí ag na sióga lena dhéanamh cinnte nach dtarlódh duine ar bith ar a gcuid talaimh. Ar ócáid áirithe chuirtí boinn óir nó tobac ar bhruach na mbeann gar dá gcuid tithe agus nuair a dhéanadh duine iarracht greim a fháil orthu bheireadh séideán sí nó tonn leo iad go bhfaigheadh siad bás san fharraige.

Tá Port an Dúin luaite i gcúpla scéal. De réir gach tuairisce rinneadh iarracht tithe a thógáil ag an ché san am a chuaigh thart, ach san oíche leagadh na sióga na ballaí a tógadh i rith an lae; sa deireadh thug na tógálaithe suas dó. Nuair a tógadh teach sa mhullach ar chosán na sióg leanadh na sióga ar aghaidh ag úsáid an chosáin bíodh is go gcaitheadh siad dul isteach doras amháin agus amach doras eile. Ba é an síorchlampar seo a thug ar an duine ar leis an teach imeacht sa deireadh.

Ba iad na sióga a chuir na hoileánaigh ó bheith ag úsáid na cé ag Port an Dúin. Go mion minic sháraigh sé ar oileánaigh a bhí ag filleadh chun na bhaile curacha a thabhairt isteach ar an trá toisc gur éirigh an fharraige garbh go tobann.

De réir Dhónaill Uí Dhubhchoin, ba iad na sióga nach ligfeadh dóibh teacht isteach ar áit uasal s'acu; agus sa chás sin b'éigean na curacha a thabhairt i dtír áit éigin eile.[97]

Go minic chuaigh na sióga i muinín an fhoréigin lena gcuid talaimh a chosaint. D'inis Pádraig Óg Mac Ruairí dom gur caitheadh clocha leis féin agus lena bhean agus iad ag siúl ar na beanna ó thuaidh agus ag stáisiún comharthaíochta Lloyd.

Tharlódh oileánach ar theach sí ó am go chéile. Insíonn Gráinne Uí Dhubhchoin scéal faoi fhear a tharla isteach i dteach nár aithin sé ar na beanna ó thuaidh. Bhí an teach lán ceoil ar dhul isteach dó agus mhol bean rua dó gan bia ná deoch a bhlaiseadh fad is a bheadh sé ann nó go dtitfeadh sé faoi gheasa sí agus go gcaithfeadh sé fanacht acu go deireadh a shaoil. D'aithin sé í mar bhean a d'imigh oíche Shamhna roimhe sin. D'imigh sé faoi dheifir ach nuair a sheas sé taobh amuigh ní raibh tásc ná tuairisc ar an teach.

Bheireadh sióga mná leo go minic ar oileán Thoraí. D'éirigh le bean phósta ón Bhaile Thoir a fuadaíodh scéal a chur chuig fear s'aici bheith ag Port an Dúin oíche Shamhna. D'fheicfeadh sé trí chaora ansin ag dul anonn an bealach caol go dtí an Tor Mór; ba cheart dó an chaora dheireanach a mharú le scian agus go bhfaigheadh sé a bhean ar ais. D'fhan an fear go foighdeach

The fairies on Tory seem to have been particularly mischievous. A story is told about a man who went to dig potatoes late one autumn evening. As he was working, a little man came along and offered to assist; soon they were joined by several other small men and it wasn't long before all the potatoes were dug. Next day, when he was passing the field, he discovered to his amazement

The hearth – the focus of the home

An teallach – croí an tí

that the only potatoes which had been harvested were those which he had dug himself.

A similar story is told about two brothers who decided to stook their corn one moonlight night. As they were working on one side of their field they saw a man stooking on the other, and with his assistance they were soon finished. On the following morning the sheaves of corn were still lying flat on the fairy's side of the field.[98]

A woman at West Town after baking bread on the griddle went outside to talk to her neighbour. When she returned her bread had gone and she suspected that it was her dog which lay fast asleep at the hearth. She baked more bread and the same thing happened again. She was about to evict her dog when she discovered the culprits, a fairy host who were buzzing and hovering like bees over her home waiting for more.

Sometimes fairies were malicious and shot darts at both people and animals. Cows, in particular, were never safe from the fairies. On Tory the fairies were known to have shot darts at cows causing a fever which resulted in a loss of milk. Even more malicious were the fairies who made hammering noises outside the homes of someone who was seriously ill. Many islanders testify to hearing the sound of the fairies hammering nails into coffins, indicating that a death was imminent.

A visitor to Tory once met a funeral at the Round Tower. The coffin was being carried by four men, one of whom asked if he would assist them. He agreed and helped them to carry the coffin to the churchyard. As soon as he entered the graveyard he was lifted back to the Round Tower. Clearly it had been a fairy funeral, and as soon as he set foot on holy ground he was transported back to where he had met up with the fairies.

From time to time fairies could act as a force for good. Dónal Doohan told a story about his sister, who was extremely ill. He was waiting impatiently for the nurse to come when a dark shadow passed the window. He looked out and saw a strange woman going past. At the gable end of the house she grew smaller and disappeared into the foundations. His sister made a remarkable recovery.

Occasionally the fairies acted to prevent the removal of turf or agricultural produce, as in the case of a Tory man who stole some

go dtiocfadh na trí chaora ach rinne sé athchomhairle agus chaill sé an seans an tríú caora a mharú. Chaill sé a bhean go deo na ndeor.

Is cosúil go raibh na sióga thar a bheith ábhailleach. Insítear scéal faoi fhear a chuaigh ag baint prátaí tráthnóna fómhair. Bhí sé i mbun oibre nuair a tháinig fear beag an bealach agus thairg cuidiú dó; gan mhoill bhí fir bheaga go leor acu agus is gairid go raibh na prátaí bainte. An lá arna mhárach bhí a sháith iontais air nuair a chonaic sé nach raibh bainte ach an méid a rinne sé féin.

Scéal eile atá cosúil leis ná an scéal faoi bheirt dheartháir a shocraigh go ndéanfadh siad stucaí coirce oíche ghealaí. Agus iad i mbun oibre ar thaobh amháin den chuibhreann thug siad faoi deara fear beag ag obair ar an taobh eile agus níorbh fhada gur chríochnaigh an triúr acu an obair. Maidin arna mhárach bhí na punanna coirce go fóill ina luí ar an talamh ar thaobh na sióige den chuibhreann.[98]

Bhí bean ar an Bhaile Thiar ag déanamh aráin ar ghrideall agus chuaigh sí amach le labhairt le comharsa dá cuid. Nuair a tháinig sí isteach bhí an t-arán ar shiúl agus bhí sí ag fágáil an loicht ar an mhadadh a bhí ina chodladh ag an tine. Rinne sí toirtín eile agus tharla an rud céanna arís. Bhí sí réidh leis an mhadadh a chaitheamh amach nuair a fuair sí amach cé a bhí ciontach, slua sí a bhí ar eiteoga os cionn an tí ag fanacht ar thuilleadh.

Amanna bhíodh na sióga mailíseach agus chaitheadh siad dairteanna le daoine agus ag le hainmhithe. Ní raibh bó riamh sábháilte ó na sióga. Is cosúil go gcaitheadh sióga i dToraigh dairteanna leis an eallach a chuireadh fiabhras orthu agus a d'fhágadh gan bainne iad. Ba mheasa arís na sióga a thógadh clampar taobh amuigh de theach a mbeadh duine le bás ann. Déarfaidh oileánaigh go leor gur chuala siad sióga ag bualadh tairní i gcónair, léiriú gur ghairid uathu an bás.

Casadh tórramh ar chuairteoir uair amháin ag an Chloigtheach. Bhí ceathrar ag iompar na cónrach, agus chuir fear acu ceist air an dtabharfadh sé cuidiú dóibh. Dúirt sé go dtabharfadh agus chuidigh sé leo an chónair a iompar chomh fada le teach an phobail. Chomh luath agus a leag sé cos ar thalamh theach an phobail fágadh ar ais ag an Chloigtheach é. Is léir gur tórramh sióige a bhí ann agus nuair a leag sé cos ar thalamh coisricthe tógadh ar ais go dtí an áit ar bhuail sé leis na sióga é.

Ó am go chéile is le maitheas a d'oibreodh na sióga. Bhí scéal ag Dónall Ó Dubhchoin faoina dheirfiúr a bhí ag éileamh. Bhí sé ag fanacht go mífhoighdeach go dtiocfadh an bhanaltra nuair a chonaic sé scáil dhubh ag dul thart leis an fhuinneog. D'amharc sé amach agus chonaic sé strainséir mná ag siúl thart. Ag binn an tí d'éirigh sí níos lú agus d'imigh sí isteach sa dúshraith. Tháinig a dheirfiúr chuici féin leis sin.

Anois agus arís dhéanadh sióga rud éigin lena dhéanamh cinnte nach dtógfaí móin ná táirgí talaimh ar shiúl mar a tharla i gcás fhear Thoraí a bhí ag goid móna ó chruach a chomharsan; chomh luath agus a thosaigh sé chuala sé glór ag screadaigh leis agus ag insint dó na fóid a fhágáil ar ais. Chaith sé ar shiúl na fóid agus las an chruach ina bladhaire ghorm. Lean na sióga de á chiapadh fríd an phortach ag stróiceadh a fhroc agus a léine. Bhí a chroí amuigh ar a bhéal nuair a bhain sé an teach amach agus d'inis sé dá dheirfiúr cad é a tharla. Ní fhaca sise a dhath ar bith ciotach leis an léine ná leis an fhroc.

Bhí sé tábhachtach d'intinn a choinneáil agat féin agus gan a dhath olc a rá faoi na sióga, fiú dá ndéanfadh siad rud éigin

Many of the Tory fireside tales relate to a less distant past and describe the hardships the islanders had to endure working as domestic servants or farm helps in places far removed from their island home. Many islanders who were searching for work attended the 'rabbles' or hiring fairs in Letterkenny. Once a deal had been settled with a prospective employer the newly-employed had to depart with whoever had hired them. Domestic servants were given five shillings (which their parents took home if they had accompanied their children to the rabble). It was usual for domestic servants to earn £6 for a six-month period of employment.

Mary Meenan tells of the hard work she undertook at a farmer's house in the Laggan Valley getting up at six o'clock in the morning to milk cows and feed pigs; then it was time to cook and do housework before returning to the fields.

Joe Rodgers tells a similar story. He went to work at a farm in the Laggan when he was only thirteen. He slept in an outhouse without light or heat. He rose at five o'clock every morning, and worked until eight when he had a cup of tea and two slices of bread; then he would go back to work until he received his dinner at midday. He had to eat well at dinner time for he had nothing more to eat until the following morning.

The storytellers reveal the customs and traditions of the island and paint a vivid picture of the heroes, mysteries and miracles of the past. It is through craftsmen like Patrick Og Rodgers, Donal Doohan, Dan Rodgers and Patsy Dan Rodgers that the cultural values of the community are conveyed from one generation to the next.

Mary and William Meenan both left Tory in search of seasonal work

Máire agus Liam Ó Mianáin, beirt a d'fhág Toraigh ar lorg oibre san fhómhar

turfs from his neighbour's stack; he immediately heard a voice screaming at him and telling him to replace the turfs. He threw the turfs back and the stack went up in a blue flame. The fairies continued to pursue and harass him across the bogs, tearing his jacket and shirt. Terrified he reached home and told his sister of the incident. She could find nothing the matter with either his shirt or coat.

It was important to keep one's counsel and be careful not to say anything unkind about the fairies, even if they acted in a mischievous or malevolent fashion; passing fairies were apt to pick up any critical remarks, and revenge was likely to be exacted in the form of a shower of darts or a thunderbolt down the chimney.

ábhailleach nó mailíseach; chluineadh sióga a bhíodh ag dul an bealach na rudaí a dúradh agus bhainfeadh siad díoltas amach le fras dairteanna nó le caor thine a thiocfadh anuas an simléir.

Baineann go leor de na scéalta cois tine le ham nach bhfuil chomh fada ó shin agus cuireann siad síos ar an chruatan a d'fhulaing na hoileánaigh agus iad ag obair mar chailíní aimsire nó mar bhuachaillí feirme i bhfad ar shiúl ón oileán. Chuaigh go leor acu ag cuartú oibre chuig aonach i Leitir Ceanainn. An uair amháin a bhí an margadh déanta, chaitheadh an té a bhí i ndiaidh jab a fháil imeacht láithreach bonn le cibé a bhí i ndiaidh é a fhostú. Thugtaí cúig scillinge do chailíní aimsire (a thug tuismitheoir, a bhí i gcuideachta an pháiste ag an aonach, abhaile leo). Ba ghnách le cailín aimsire £6 a fháil ar obair sé mhí.

Inseoidh Mary Uí Mhianáin faoin obair chrua a rinne sí i dteach feirme ar an Lagán, áit ar éirigh sí ar a sé ar maidin leis an eallach a bhleán agus lena gcuid a thabhairt do mhuca; ansin chaitheadh sí cócaireacht agus obair tí a dhéanamh sula bhfilleadh sí ar na páirceanna.

Tá taithí Joe Mhic Ruairí mar an gcéanna. Bhí seisean ar fostú ar an Lagán nuair nach raibh sé ach trí bliana déag d'aois. Chodail sé i mbóitheach gan solas, gan teas.

D'éireodh sé ar a cúig ar maidin agus d'oibreodh sé go dtí a hocht nuair a gheobhadh sé cupán tae agus dhá phíosa aráin; ansin théadh sé ar ais chuig a chuid oibre go dtí go bhfaigheadh sé greim le hithe i lár an lae. Chaitheadh sé neart a ithe ag am dinnéir nó ní bhfaigheadh sé rud ar bith eile go dtí an mhaidin arna mhárach.

Déanann na scéalaithe cur síos ar nósanna agus ar chultúr an oileáin agus cruthaíonn siad pictiúir de laochra, de mhistéirí agus de mhíorúiltí ón am a chuaigh thart. Is fríd ealaíontóirí amhail Pádraig Óg Mac Ruairí, Dónal Ó Dubhchoin, Dan Mac Ruairí agus Patsaí Dan Mac Ruairí a thugtar meas ar chultúr an phobail ó ghlúin go glúin.

Ealaíontóirí

Is annamh baint idir scoil phéintéireachta agus oileán iargúlta, ach ar Thoraigh tarraingíonn péintéireacht aitheantas ar an phobal. Bíodh is go bhfuil stair fhada ag baint le cruthaitheacht ar Oileán Thoraí is le daichead bliain anuas a d'fhorbair an ealaín ar an oileán. Ar an dea-uair tháinig dul chun cinn na healaíne ag an am céanna le meath an gceirdeanna traidisiúnta, iascaireacht agus feirmeoireacht.

Ba é James Dixon (1887-1970) an chéad ealaíontóir agus an té ba mhó clú i measc ealaíontóirí Thoraí. B'iascaire agus feirmeoir é Dixon agus léirigh a chuid pictiúr cruatan agus garbhadas seachas áilleacht na tíre agus na farraige. Dúirt Derek Hill gur ealaíontóir é a d'oibrigh 'go gasta agus go nádúrtha' agus a phéinteáil amhail is go raibh sé in aghaidh an ghála. Críochnaíodh a shaothair le práinn 'sula n-imeodh an bád deireanach don tír.'

Ba de thaisme a rinneadh athair na scoile péintéireachta de Derek Hill. Deirtear go dtáinig oileánach, James Dixon, a fhad leis lá amháin i ndiaidh bheith á choimhéad tamall. Chuir Derek ceist air cad é an bharúil a bhí aige den phictiúr. Is é an freagra a fuair sé á 'Thiocfadh liom ní b'fhearr a dhéanamh mé féin.' Thug Derek a dhúshlán sin a dhéanamh agus thairg sé ábhair ealaíne dó ach dhiúltaigh sé, ag rá go dtiocfadh leis scuab dá chuid féin a dhéanamh go furasta as ruball a asail.

Artists

Schools of painting are not normally associated with remote islands, but on Tory painting is very much part of the community's identity. Although there is a long history of creativity on Tory Island, it is only within the last forty years that painting has developed on the island. Fortunately for Tory the promotion of art has come at a time when the more traditional activities, fishing and farming, have diminished in importance.

James Dixon (1887-1970) was the first and most acclaimed of the Tory artists. Dixon was a fisherman and a farmer, and his paintings reflect the harsh rather than the picturesque aspects of life on land and sea. Derek Hill describes James as a painter who worked 'quickly and instinctively', and painted as if in 'the face of a gale'. His work was completed with a sense of urgency – 'before the last boat left for the country'.

Derek became the father of the School of Art quite by accident. A story is told that he was approached one day by an islander, James Dixon, who had been watching him paint. Derek asked him what he thought of his painting. 'I could do better myself' was the response. Derek challenged him to do just that and offered him art material, but he refused to accept any brushes saying he could easily make his own from his donkey's tail. Using a primitive brush he produced his first works of primitive art which impressed Hill. With Hill's encouragement and generosity, Dixon's output was prolific and his reputation spread far beyond the shores of Tory.[99]

Dixon appreciated Hill's advice, and before exhibitions would send him bundles of pictures, frequently wet and stuck together, to sort out. His paintings were recently the subject of a major exhibition in Dublin at the Irish Museum of Modern Art.

Dixon's works provide an extraordinary record of island life during the 1950s and 1960s. Dixon was meticulous in providing details of each picture he painted; in a small rectangle in one of the corners of the picture he recorded the subject of the painting, his name and the date executed. As a result his paintings of significant events on Tory, such as *Mr William Rogers Ploughing in Dixon's Farm, Tory Island: the First Tractor that ever came to Tory Island* (1967), *The First Time the Helicopter Came* (1967), and *Ave Maria: the First Motor Boat on Tory Island* (1968), provide a unique record of change on Tory.

James Dixon took an interest in distant events which he recorded in his paintings, such as *The Gypsy Moth Rounding Cape Horn* (1968), *Cutty Sark* (1966) and *The Queen Coming Home on the Royal Yacht Britannia* (1969). He was a great admirer of the Queen and Winston Churchill, and he sent them both portraits; the Queen replied thanking Dixon and wishing him well with his art.

When Dixon had sold a few pictures and had exhibited in Belfast, Dublin, and Vienna, his brother John decided to follow his example. More restrained and meticulous, and therefore less prolific than James, his paintings were nevertheless acclaimed. Derek Hill asserts that 'John had more paint control than his brother, his seas did not pour over the rocks or obliterate definition. The pencil outlined buildings were staccato and hard edged, no time for poetry.'[100]

Patsy Dan Rodgers maintains that John Dixon used to employ him as a young boy to paint pictures and rewarded him with £1 and a bottle of lemonade for each painting. He believes John sold these pictures to customers at an inflated price of £5.

D'úsáid sé scuab bhunúsach leis na chéad pictiúir a dhearadh agus shíl Hill a mhór díobh. Le spreagadh agus flaithiúlacht Hill, d'éirigh le Dixon cuid mhór pictiúr a dhearadh agus tá clú agus cáil air i bhfad ó chladach Thoraí.[99]

Bhí meas ag Dixon ar bharúil Hill agus roimh thaispeántais, chuireadh sé lear mór pictiúr chuige, go minic fliuch agus greamaithe le chéile, le bail a chur orthu. Is gairid ó bhí a shaothair ar taispeáint i mBaile Átha Cliath, in Iarsmalann Nua-Ealaíne na hÉireann.

Is taifead iontach é saothar Dixon ar shaol an oileáin idir na 1950í agus na 1960í. Thug sé mionsonraí go mionchúiseach d'achan phictiúr a dhear sé; i ndronuilleog bheag i gcoirnéal an phictiúir scríobh sé ábhar an phictiúir, a ainm agus an dáta a rinneadh é. Mar thoradh ar sin tugann a chuid pictiúr taifead speisialta de na hathruithe a tháinig ar Thoraigh, mar shampla *Mr. William Rodgers Ploughing in Dixon's Farm, Tory Island: the First tractor that ever came to Tory Island* (1967), *The First Time the Helicopter Came* (1967), agus *Ave Maria: the First Motor Boat on Tory Island* (1968).

Chuir James Dixon suim in imeachtaí domhanda agus chláraigh sé seo ina chuid pictiúr; mar shampla *The Gypsy Moth Rounding Cape Horn* (1968), *Cutty Sark* (1966) agus *The Queen Coming Home on the Royal Yacht Britannia* (1969). Bhí meas mór aige ar Bhanríon Shasana agus ar Winston Churchill, agus chuir sé portráid chuig an bheirt acu; chuir an Bhanríon litir ar ais chuige ag guí gach rath ar a chuid ealaíne.

Nuair a dhíol Dixon cúpla pictiúr agus nuair a thaispeáin sé pictiúir i mBéal Feirste, i mBaile Átha Cliath agus i Vín, shocraigh a dhearthráir, John, go dtabharfadh sé féin faoin phéintéireacht. Bíodh is go raibh a shaothair níos cúramaí agus níos srianta,

James Dixon, the first and most acclaimed Tory artist

James Dixon, an chéad ealaíontóir as Toraigh agus an t-ealaíontóir is mó clú

Patsy Dan Rodgers, the driving force behind art on Tory

Patsaí Dan Mag Ruairí, cúltaca na healaíne i dToraigh

Another older man Jimmy 'Yank' Rodgers, who had spent some time in America, also started painting in the same naïve style as John Dixon. Sadly Jimmy only produced five pictures.

Patsy Dan Rodgers (b.1945) has been the driving force behind art on Tory in recent years. He is the only painter remaining of the original four islanders who mounted their first combined exhibition at the New Gallery, Belfast in 1968.[101]

Patsy Dan paints about thirty pictures a year, the majority of which he sells. He is preoccupied with his immediate environment. All the subjects of his painting are to be found on the island: the

bhain sé clú amach dó féin mar sin féin. Dar le Derek Hill go raibh níos mo smacht péinte ag John ná mar a bhí ag a dhearthair, níor spréigh a chuid farraigí anall ar na carraigeacha ná níor scrios siad an pictiúr. Ba stadach na foirgnimh le himlíne chrua peann luaidhe; ní raibh am ar bith faoi choinne maoithneachais.[100]

Dearbhaíonn Patsaí Dan gur ghnách le John Dixon é a fhostú agus é ina ghlas-stócach le pictiúir a phéinteáil agus go ndíolfadh sé é le £1 agus buidéal líomanáide an pictiúr. Tá sé den bharúil go ndéanfadh John brabach mór ag díol na bpictiúr le daoine ar £5.

Thosaigh fear eile is sine, Jimmy 'Yank' Mac Ruairí, a chaith seal i Meiriceá, ag péintéireacht sa stíl shoineanta chéanna a bhí ag John Dixon. Ar an drochuair níor dhear sé ach cúig phictiúr.

Sna blianta deireanacha seo, ba é Patsy Dan Rodgers an fear ba mhó le rá le healaín a chur chun cinn ar Oileán Thoraí. Is é an t-aon duine amháin den cheathrar as an oileán a chuir a gcéad taispeántas le chéile sa Ghailearaí Nua i mBéal Feirste sa bhliain 1968.[101]

Dearann Patsaí Dan thart faoi thríocha pictiúr sa bhliain agus díolann sé an mhórchuid acu sin. Tá sé tógtha suas lena thimpeallacht. Tá ábhair uilig a chuid pictiúr le feiceáil ar an oileán: teach an tsolais, an héileacaptar, na báid, na bailte agus na ballóga ón luath-Chríostaíocht; bíonn sé ar intinn aige i gcónaí stair agus cultúr Thoraí a chaomhnú. Ní áit liath, lom, scriosta í Toraigh i súile Phatsaí Dan ach oileán beomhar, mistéireach, rómánsach. Téann sé i dtaithí ar na mothúcháin agus na dearcaí atá aige dá bhaile, fríd dhathanna láidre a úsáid a thugann fuinneamh agus spreagacht dá shaothar. Bhí taispeántais ag Patsaí Dan i nDún Éidinn, i mBaile Átha Cliath, i bPáras agus i mBéal Feirste. Cúpla bliain ó shin thug Patsaí taispeántais pictiúr as Toraigh anonn go Siceagó, áit a dtug 100,000 Meiriceánach cuairt ar an dánlann.

Cosúil lena chomhairleoir, James Dixon, tá Patsy Dan sásta dearadh rathúil a athdhéanamh ach déanann sé cinnte go bhfuil difear éigin ann in achan phictiúr sa dóigh nach gcuirfidh sé isteach ar chustaiméirí seasta. Tá *Tory by Night* agus *Puffins on Tor Mór* ar chuid de na radharcanna is fearr leis. Arís mar a dhéanadh James Dixon déanfaidh sé corrphictiúr a bhfuil ábhar topaiciúil ann;

West Town
by Patsy Dan Rodgers

An Baile Thiar
le Patsaí Dan Mag Ruairí

samplaí den chineál sin pictiúr na portráidí de Nelson Mandela, de Mother Teresa, agus dá chara mór Derek Hill. Go lá a bháis bhí Derek ag cur Phatsaí chun tosaigh, ag tabhairt comhairle dó agus á spreagadh, uaireanta ar ghuthán óna árasán i Londain.

Amanna tugann Patsaí Dan faoi ábhar reiligiúnda. Chomh maith le teach pobail a oileáin a chur i bpictiúr, dhear sé *Christ crowned with Thorns* ina bhfuil ceann Chríost léirithe go truamhéalach.

Chuidigh Patsaí Dan le Christina, an iníon is óige aige, toiseacht ag péintéireacht. Bhain sí an chéad áit i gcomórtas náisiúnta póstaer ar na mallaibh agus tá sí i ndiaidh a céad phictiúr a dhíol i

Anton Meenan,
tireless in his
pursuit of perfection

Antóin Ó Mianáin,
ag síorlorg na
máistreachta

lighthouse, the helicopter, the boats, the villages and the early Christian remains; preserving the history and culture of Tory is always foremost in his mind. To Patsy Dan, Tory is not a bleak, ravaged and grey place, but a vibrant, mystical and romantic island. He explores his attitudes and feelings for his home in strong colours, which bring an energy and excitement to his work. Patsy Dan has had his work exhibited in Edinburgh, Dublin, Paris and Belfast. In recent years Patsy took an exhibition of Tory paintings to Chicago where over 100,000 Americans visited the gallery.

Like his mentor James Dixon, Patsy Dan has no misgivings about repeating a winning formula, although he ensures that each painting is slightly different so as not to annoy his regular clients. Some of his favourite scenes include *Tory by Night* and *Puffins on Tor Mor*. Again like James Dixon, he paints the occasional picture of topical interest; typical of these are portraits of Nelson Mandela, Mother Teresa and his great friend Derek Hill. Derek continued until his death to promote, advise, and encourage Patsy Dan, even by telephone from his London apartment. Patsy Dan sometimes takes on religious themes. As well as featuring the island's chapel in his paintings, he has produced *Christ Crowned with Thorns* in which he depicts Christ's head with great pathos.

Patsy Dan has encouraged his youngest daughter, Catherine, to take up painting. In a recent national poster competition she won first prize and she has just sold her first picture, *Puffins*, in the Tory gallery. With talented young artists like Catherine the future of the Primitive School of Art is assured.

Anton Meenan (b.1959) is one of the younger members of the School of Primitive Art. Anton liked to draw when he was at school and his work was introduced to Derek Hill by his mother.

ndánlann Thoraí. Nuair atá ealaíontóirí óga mar Christina ann, tá todhchaí na Scoile Péintéireachta Bunúsaíche sábháilte.

Tá Antóin Ó Mianáin (1959) ar dhuine de na daoine is óige sa Scoil Phéintéireachta Bunúsaíche. Bhí dúil ag Antóin sa líníocht agus é ar scoil agus ba í a mháthair a chuir in aithne do Derek Hill é. D'aithin Derek go raibh bua aige ach is cuimhneach le hAntóin nár fhoghlaim sé péintéireacht dó ach chuir sé ábhair chuige agus lig dó a stíl féin a fhorbairt. Bhíodh sé ar fáil i gcónaí, áfach, lena bharúil a thabhairt faoina shaothar.

Le cuidiú Hill, chláraigh Antóin mar mhac léinn ag an choláiste Réigiúnach i Litir Ceanainn. Bhí iontas air nuair a shiúil sé isteach sa choláiste go bhfuair sé amach go raibh a chúrsa le bheith lonnaithe i seomra ranga; bhí sé ag dúil lena chuid ama a chaitheamh i stiúideo le healaíontóirí proifisiúnta. Chuaigh sé i dtaithí ar shaol na péintéireachta fríd chuairteanna go dtí an leabharlann agus léachtaí léirithe.

Ag deireadh na chéad bhliana bhí Antóin fágtha le rogha an dá dhíogha, leanstan lena stíl bhunúsaíoch nó teicnící úra a bhí á dteagasc sa choláiste a fhorbairt. Bhí sé idir dhá chomhairle agus shocraigh sé ar fhilleadh chun an bhaile áit ar dhiúltaigh sé péintéireacht ar bith a dhéanamh go ceann roinnt blianta. Ba é a bhean a thug air toiseacht a phéintéireacht arís agus d'fhill sé ar a sheanstíl arís.

Tá Antóin lánphroifisiúnta ina dhearcadh agus dochloíte ar thóir na foirfeachta. Glacann sé saothar lena chuid ceapachán; baineann sé úsáid as imireacha den liath agus den donn, agus cuireann béim ar na huigeachtaí éagsúla sa timpeallacht. Téann na tréithe seo le chéile le léiriú sainiúil agus filiúnta den oileán a chruthú.

Is fearr le hAntóin bheith ag péintéireacht taobh amuigh, go háirithe ar na beanna ó thuaidh, áit a bhfuil achan charraig agus achan scoilt ar eolas aige. Tuigeann sé go bhfuil sé ag obair i gceantar a raibh dúil mhór ag Derek Hill ann, agus roimhe seo mhol sé do chuairteoirí a bhí ag péintéireacht gan radharc faoi leith a dhearadh an máistir go minic a phéinteáil, ag rá gur 'le Derek féin an ceann sin'. Is scéalaí oilte é Antóin, agus léiríonn sé go leor dá chuid scéalta faoi Cholm Cille agus faoi Bhalor na

Anton Meenan prefers to paint along the northern cliffs

Beanna an tuaiscirt is fearr le hAntóin Ó Mianáin agus scuab ina láimh

Súile Nimhe ina chuid pictiúr chomh maith leis an T-chros. Fríd a chuid saothar, tarraingíonn sé aird an domhain ar oidhreacht Thoraí.

Tuigeann sé an cúram atá air. Ba mhaith leis leanstan ar aghaidh i dtraidisiún bhunaitheoir na Scoile Ealaíne Bunúsaíche, Derek Hill. Ar an taobh eile de, níl sé sásta ligean dá stíl éirí stadach agus bíonn sé i gcónaí ag iarraidh feabhas a chur ar a shaothar. Chomh

Derek recognised his talents, but Anton recalls that Derek did not teach him to paint but rather sent him materials and allowed him to develop his own style. He was, however, always available to comment on his work.

Tory Island
by Ruari Rodgers, the island's most prolific artist

Oileán Thoraí
le Ruairí Mag Ruairí, ealaíontóir nach ligeann a mhaidí le sruth

With the assistance of Hill, Anton enrolled as a student at the Regional Technical College, Letterkenny. He was surprised on his arrival at the College to find that his course was classroom based: he had expected to spend most of his time in a studio with professional artists. Visits to the library and illustrated lectures opened his eyes to the world of painting.

At the end of his first year Anton was confronted with a dilemma, either to continue with his primitive style or to develop the new techniques being taught at the College. Confused he decided to leave the course and return home, where he refused to paint for a number of years. It was his wife who persuaded him to start painting again, and he reverted to his old style.

Anton is thoroughly professional in his approach and tireless in his pursuit of perfection. He takes great care with his composition; he makes use of subtle shades of grey and brown, and emphasises the contrasting textures of the rugged landscape. These characteristics combine to provide a unique and poetic interpretation of the island.

Anton prefers to paint outdoors, particularly along the northern cliffs where he knows every rock and crevice. He is conscious that he is working in an area beloved by Derek Hill, and he has been known to discourage visiting artists from painting a certain view favoured by the master as 'that was Derek's own'.

Anton is a master storyteller, and many of his tales of Colmcille and Balor of the Evil Eye feature in his paintings as does the island's distinctive Tau Cross. He uses his art to bring Tory's heritage to the attention of a world-wide audience.

He is very aware of the responsibility he carries. He wishes to continue in the tradition of the founder of the School of Primitive Art, Derek Hill. He is unwilling, however, to allow his style to become fossilised and he is constantly striving to achieve better results. Art to Anton is a means of providing a livelihood for his family as well as fulfilling an urge to paint, but above all it is a means of securing the viability of his island home.

maith le bheith ag comhlíonadh a dhúile i bpéintéireacht, tá Antóin ábalta slí bheatha a bhaint amach as an ealaín agus airgead a chur ar fáil dá chlann agus thar rud ar bith eile is bealach é lena dhéanamh cinnte go dtig leis bheith ina chónaí ar an oileán.

Is é Ruairí Mac Ruairí (1956) an t-ealaíontóir is mó saothar den ghlúin seo de phéintéirí Thoraí. Is léir óna chuid líníochta an oiliúint a fuair sé mar shaor adhmaid. Tá ciall aige do pheirspictíocht agus úsáideann sé oladhath mar a bheadh uiscedhathanna ann. Admhaíonn sé go mbíodh sé i dtrioblóid ar scoil nó bhí sé i gcónaí ag tarraingt pictiúr. Mhol Derek Hill do Ruairí, mar a rinne sé leis na péintéirí bunúsaíocha uilig, gur cheart dó dul chuig coláiste ealaíne; ach bhí Ruairí buartha go gcuirfeadh oiliúint fhoirmiúil isteach ar an stíl dhifriúil a d'fhorbair sé féin agus níor ghlac sé leis an tairiscint. Cruthaíonn saothar Ruairí pictiúr réadúil eolasach den oileán. Baineann sé úsáid as gorm agus glas le hatmaisféar fuar Atlantach a chruthú.

Is ball den Scoil é Micheál Fionnbharr (1957) fosta. Baineann a shaothar go mór le nádúr agus tá a radharc de Thoraigh fuinniúil, corrach agus beo. Aimsíonn sé drámatacht an tírdhreacha lena spéartha agus patrúin shíorathraitheacha solais. Chaith sé roinnt blianta ina chónaí ar an tír mór ar an Fhál Charrach ach d'fhill sé ar Thoraigh, foinse a spreagtha. Spreag an t-am a chaith sé ar an tír é le radharcanna Dhún na nGall a phéinteáil chomh maith lena gharthimpeallacht.

Tá dearcadh fírinneach ag Micheál Fionnbharra i dtaobh na healaíne. Tá stíl ar leith aige agus leisce air smaointe daoine eile a úsáid nó aithris a dhéanamh ar ealaíontóirí eile.

Is baile do na healaíontóirí é dánlann James Dixon. Cheannaigh Derek Hill agus cuairteoir rialta as Meiriceá, Dorothy Harrison Therman teach James Dixon ar an Bhaile Thiar i 1984 agus osclaíodh an teach mar dánlann i 1992. Is sa dánlann a bhíonn pictiúir na n-ealaíontóirí ar taispeántas agus ar díol. Tá cnuasach maith pictiúr de chuid James Dixon sa dánlann anois a d'fhág Derek Hill ina thiomna.

D'fhorbair an rud a thosaigh mar dhíospóireacht shuairc idir Derek Hill agus James Dixon i 1956 ina Scoil Ealaíne a bhfuil clú agus cáil uirthi go náisiúnta agus go hidirnáisiúnta. Ní amháin gur slí bheatha ag roinnt teaghlach ar an oileán í an ealaín ach tá feidhm pholaitiúil léi fosta. Tá cairde go leor ag an oileán i saol na healaíne nach gceadóidh plean ar bith ón Rialtas leis an oileán a bhánú.

Tor Mor
by Michael Finbar Rodgers

An Tor Mór
le Micheál Fionnbharr Mag Ruairí

TONNTA THORAÍ   119

The most prolific painter of the present generation of Tory painters is Ruairi Rodgers (b.1956). His training as a carpenter shows in his precise drawing. He has a sound knowledge of perspective and uses oil paint almost like watercolour. He admits to getting into trouble at school because he was always drawing. Ruairi, like all the primitive artists, was encouraged by Derek Hill who attempted to persuade him to attend art college; however, Ruairi was concerned lest formal training might destroy his distinctive self-taught style, and turned down the offer of a place. Ruairi's work provides an informative and realistic image of the island. His use of green and blue evokes a cold atmosphere which is Atlantean in feeling.

Michael Finbar Rodgers (b.1957) is also a member of the School; his work is steeped in nature, and his vision of Tory is dynamic, restless and fluid. He is acutely sensitive to the drama of the landscape with its restless skies and ever-changing patterns of light. He spent a number of years living on the mainland at Falcarragh, but returned to Tory the source of his inspiration. His years on the mainland have encouraged him to paint Donegal scenery as well as his immediate environment. Michael Finbar has a purist approach to his art. He has developed his own distinctive style and is reluctant to borrow from, or imitate, other artists.

The James Dixon gallery is home to the Tory painters. Derek Hill and a regular American visitor to the island, Dorothy Harrison Therman, purchased James Dixon's house in West Town in 1984 and the house was opened to the public as a gallery in 1992. The Tory artists exhibit and sell their paintings at the gallery. The gallery now has a fine collection of James Dixon's paintings, which were bequeathed by the late Derek Hill.

What began as a good-humoured confrontation between Derek Hill and James Dixon in 1956 has now developed into a School of Art with a national and international reputation. Not only does art provide a livelihood for a number of families, but it also serves a political function. The island has many friends in the art world who will not tolerate any governmental plans for the evacuation of the island.

The presence of painters and the growing reputation of their work provide a justification for the continued existence of Tory. Given Tory's high profile the Government, in a time of a booming economy, would look mean to refuse the islanders' demands for better welfare, education and transport services. The satisfaction of these demands in the last decade has helped to invigorate the island economy and stem the decline in population. The painters of Tory are making a massive contribution to the preservation of their island home.

Derek Hill

Derek Hill (1916-2000) first visited Tory Island in 1956 following a conversation with a lighthouse keeper on a train to Dublin. Although there was no hotel or guesthouse on the island, the lighthouse keeper found him a room with an island family. The following year he rented a hut, which was the last remaining building of the Lloyds Signal and Telegraph Station. The hut lacked heating, lighting and running water; he had to carry water in buckets from the lighthouse and make use of a paraffin stove for heating; nevertheless it provided shelter and a base from which to work on the exposed northern coast.

Cinntíonn sin go bhfuil ann do na healaíontóirí, agus an dóigh a bhfuil a gclú ag fás, go mairfidh pobal Thoraí. Ó tharla go bhfuil Toraigh go mór i mbéal an phobail, agus borradh sa gheilleagar, ba dheacair don Rialtas diúltú d'éilimh na n-oileánach do sheirbhísí feabhsaithe leasa shóisialaigh, oideachais agus iompair gan cuma shuarach a tharraingt orthu féin.

Chuidigh freagra sásúil na n-éileamh sin le deich mbliana anuas le geilleagar an oileáin a mhúscailt agus le stad a chur le titim daonra. Is ollmhór an cuidiú atá na péintéirí a thabhairt leis an oileán a chaomhnú.

Derek Hill

Ba i 1956 a thug Derek Hill (1916-2000) a chéad chuairt ar oileán Thoraí i ndiaidh bheith ag caint le coimeádaí tí solais ar an traein go Baile Átha Cliath. Bíodh is nach raibh óstán ná teach lóistín ar an oileán fuair an coimeádaí áit dó le teaghlach ar an oileán. An bhliain ina dhiaidh sin fuair sé bothóg ar cíos, an foirgneamh deireanach de stáisiún Comhartha agus Teileagraif Lloyd.

Ní raibh teas ná solas ná uisce reatha sa bhothóg; b'éigean dó uisce a iompar ó theach an tsolais i mbuicéid agus sorn ola a úsáid leis an áit a théamh; ach bhí foscadh ann agus ba bhunáit é óna dtiocfadh leis obair a dhéanamh bunaithe ar an chósta sceirdiúil ó thuaidh.

Caithfidh go raibh difear suntasach idir saol Derek ar an oileán agus an saol a bhí aige in Hampstead, Londain, agus leis an dara baile a bhí aige sa teach reachtaire Seoirseach ar bhruach Loch Gartáin, i nDún na nGall. Bhí iontas ar na hoileánaigh, nó buaireamh faoin áit chónaí a roghnaigh sé i dToraigh, ach thuig siad go raibh aonarachas de dhíth air. Bhí sé tarraingteach, greannmhar agus ag baint suilt as an tsaol agus ba ghairid gur chuir na hoileánaigh dúil ann agus gur ghlac pobal Thoraí leis.

Derek Hill, the father of the Tory School of Primitive Art, from a painting by Tom Halifax

Derek Hill, bunaitheoir thraidisiún na hEalaíne Dúchasaí, pictiúr de chuid Tom Halifax

Derek's lifestyle on Tory must have contrasted sharply with his life in Hampstead, London, and with his second home, an elegant Georgian rectory nestling on the shores of Lough Gartan, Donegal. The islanders were surprised, if not concerned, at his choice of residence on Tory, but respected his need for solitude. His charm, good humour, and zest for life soon endeared him to the islanders, and he was quickly accepted by the Tory community.

Derek remained a strong friend of Tory for the next four decades. He never missed an opportunity to market and bring influential friends to visit it. When the potato crop failed on Tory in the seventies, it was Derek who came to the rescue; he had a consignment of potatoes delivered to a grateful community.

It was on one of his first trips to Tory that Derek Hill recognised and encouraged the artistic talents of James Dixon. Not to be outdone, his brother John Dixon, and his neighbour, James Rodgers began to paint, their subject matter ranging from shipwrecks to scenes of island life and the occasional portrait. Executed in a naïve and zestful style, works by these three original members of the Tory School of Primitive Art have become highly collectable. Derek himself owned several of their paintings. Though the Dixons and James Rodgers are long dead, painting continues to flourish on the island through a second generation of painters all of whom have been nurtured and encouraged by Derek Hill.

Derek Hill was never didactic in his dealings with the Tory artists. He was always available to comment on their work, but he never attempted to impose his style of painting on them although Anton Meenan, in particular, has been strongly influenced by his work. Derek preferred to encourage, motivate, arrange exhibitions of their work and contribute funds for painting materials and equipment.

Derek derived considerable benefits from his association with Tory. As a portrait painter he had painted a wide range of sitters before visiting Tory: academics; artistocrats, politicians and theatrical personalties. It was, however, his portraits of islanders such as James Dixon, John Dixon and Andy Shields that established him as one of Ireland's leading portraitists. He seemed to connect more closely, and establish stronger relationships with the islanders than with celebrities such as Archbishop McQuoid, Baron Rothschild and Noel Coward; as a result their personalities come through more vividly in his work.

The Art Gallery, a mecca for visitors

An Dánlann, áit a dtarraingíonn na slóite síoraí

Bhí Derek ina chara maith ag Toraigh go ceann dhá scór bliain ina dhiaidh sin. Níor chaill sé seans riamh le Toraigh a chur chun tosaigh nó le cairde mór le rá a thabhairt ar cuairt. Nuair a theip ar na prátaí i dToraigh sna seachtóidí, ba é Derek a thug tarrtháil; chuir sé prátaí isteach chuig pobal buíoch.

Ba ar cheann de na chéad turais a thug sé go Toraigh a d'aithin agus a spreag Derek Hill buanna ealaíne James Dixon. Le nach sárófaí orthu, thosaigh a dheartháir, John Dixon, agus a chomharsa, Séamus Mac Ruairí, ag péintéireacht pictiúr de longbhristeacha agus radharcanna oileáin agus corrphortráid chomh maith. Deartha go soineanta agus go bríomhar, tá luach iontach ar shaothair an triúr seo a bhí ar na chéad phéintéirí i Scoil Phéintéireacht Bunúsaíche Thoraí. Bhí go leor acu ag Derek féin. Bíodh is go bhfuil na deartháireacha Dixon agus Séamus Mac Ruairí marbh le fada an lá, tá an phéintéireacht faoi bhláth ar an oileán leis an dara glúin ealaíontóirí agus fuair said uilig cuidiú agus spreagadh ó Derek Hill.

Níor chaith Derek Hill go hoideach le healaíontóirí Thoraí riamh. Bhíodh sé ar fáil i gcónaí lena bharúil a thabhairt faoina saothar ach ní dhearna sé iarracht riamh stíl s'aige féin a bhrú orthu, bíodh is go ndeachaigh a shaothar féin go mór i bhfeidhm ar Antóin Ó Mianáin go háirithe. B'fhearr le Derek iad a ghríosú,

Derek Hill and the four primitive artists at an exhibition of primitive art at the University of Ulster, Coleraine

Derek Hill agus an ceathrar ealaíontóirí dúchasacha ag taispeántas den Ealaín Dhúchasach in Ollscoil Uladh Chúil Raithin

Derek Hill's hut lacked heating, lighting and running water

Cró Derek Hill, gan teas, solas ná uisce reatha

Grey Gowrie, an eminent art critic, argues that Derek's work on Tory made him the best painter of Irish landscapes since Jack Yeats.[102] Scenes from England, France, Italy, North Africa and Turkey have all featured in his paintings, but they fail to show the depth and originality of his paintings of Tory Island. It was on Tory, according to Gowrie, that he uncovered a seam in his life and personality which allowed him to move from prose to poetry, and translate his technical skills into art. The constant changing light patterns of the Atlantic as they played on land and sea became a recurring theme in his works. Light would spill on to his paintings interrupting the composition in a manner both dramatic and naturalistic.[103] Paintings such as *Tory Island from Tor Mor*, *Greenport Tory Island*, *Golgotha II – Tory Sunrise*, *Where the Wasp was Sunk* and *Sunset from My Hut* elevated Derek Hill to a sphere where he competed with his exemplars.

Derek was a gregarious person with a genius for friendship yet he was also a person who appreciated solitude. He found both on Tory which served as a retreat from stress, strain and artificial values, as well as a place which offered enduring, as opposed to ephemeral, friendships.

By the time of his death in 2000, Derek Hill had become a legend on Tory with a status and standing reserved only for the saints of bygone years such as Colmcille. Patsy Dan Rodgers catches this stature in his painting *Derek Hill's Arrival on Tory*. Derek takes on the semblance of a holy man, a theme which is emphasised by a flock of choughs flying in halo-like formation above his head.

Even towards the end of his life he maintained his interest in his adopted home, Tory; when discussing the imminence of death, he declared 'Probably it will just be like going on a trip to Tory Island'. ■

124   THE WAVES OF TORY

a spreagadh, a gcuid taispeántas a reáchtáil agus airgead a chur ar fáil le trealamh agus ábhair phéintéireachta a cheannach.

Bhain Derek sochar as an cheangal a bhí aige le Toraigh. Mar phortráidí bhí sé i ndiaidh go leor daoine a phéinteáil sula ndeachaigh sé go Toraigh: acadúlaigh, uaisle, polaiteoirí agus daoine a bhain le hamharclannaíocht. Ach ba iad na portráidí a rinne sé de James Dixon, John Dixon agus Andy Shields a bhain clú amach dó mar cheann de phríomhphortráidithe na hÉireann. D'éirigh leis bá níos láidre a chothú idir é féin agus na hoileánaigh ná mar a chothaigh sé le daoine móra le rá ar nós an Ardeaspaig McQuaid, Barún Rothschild nó Noel Coward; mar thoradh air sin ba shoiléire a tháinig a gcuid pearsantachta amach sna pictiúir.

Dar le Grey Gowrie, léirmheastóir ealaíne mór le ré, go bhfágann saothair Derek ar Thoraigh gurb é an péintéir is fearr ar thírdhreach na hÉireann ó Jack Yeats é.[102] Tá radharcanna de chuid Shasana, na Fraince, na hIodáile, Thuaisceart na hAfraice agus na Tuirce le feiceáil ina shaothar, ach níl an doimhneacht ná an éagoitinne atá ina chuid pictiúr de Thoraigh le sonrú iontu. Ba ar Thoraigh, dar le Gowrie, a tháinig sé ar bhealach ina shaol agus ina phearsantacht a lig dó bogadh ó phrós go filíocht, agus a chuid scileanna teicníochta a aistriú go healaín. Bhíodh patrúin shíorathraitheacha sholas an Atlantaigh, mar ar bhuail siad talamh agus farraige, ina théama choitianta aige. Spréadh solas trasna a chuid pictiúr ag briseadh an cheapacháin go drámata agus go nádúraíoch.[103] D'ardaigh leithéidí *Tory Island from Tor Mor*, *Greenport Tory Island*, *Golgotha 11- Tory Sunrise*, *Where the Wasp was Sunk* agus *Sunset from My Hut*, Derek Hill go leibhéal ina raibh sé inchurtha lena chuid eiseamláirí.

Ba dhuine tréadúil é Derek a rinne cairde go réidh ach a raibh dúil aige san aonarachas fosta. Bhí an dá chuid aige i dToraigh, a bhí mar thearmann aige ó bhrú agus ó strus agus luachanna bréagacha chomh maith le bheith in háit a thairg cairdeas a bhí buan seachas gearrshaolach.

Faoin am a bhfuair sé bás in 2000, bhí Derek Hill mar laoch ar Thoraigh le meas agus céimíocht nach mbeadh ach ag naomh sna blianta a chuaigh thart ar nós Cholm Cille. Cheap Patsaí Dan Mac Ruairí an tábhacht seo ina phictiúr *Derek Hill's Arrival on Tory*. Tá cuma fir naofa ar Derek agus tá an téama sin daingnithe leis an chiorcal de chága mar naomhluan os a chionn.

Fiú agus é ag tarraingt ar dheireadh a shaoil mhair a shuim ina bhaile dídin, Toraigh; nuair a bhí sé ag caint ar ghaire an bháis, d'fhógair sé, 'Is dócha go mbeidh sé díreach cosúil le turas go Toraigh.' ■

Epilogue

There is an underlying elegiac tone about many of the writings concerning Tory. Most of the published works highlight the island's exposure and isolation, the ageing population, the decline of land use, the cessation of fishing and the reliance on government subsidies. They predict the demise of the community and its ultimate evacuation.

It is, however, continuity rather than change that has characterised Tory. Links with the past are everywhere in evidence from the prehistoric field patterns to Balor's Iron Age Fort and the early-Christian remains. The ancient Rundale farming system has given the basic pattern to the island's landscape – small clustered settlements in close juxtaposition with arable open-fields and common grazing lands. Superimposed on this pattern are the piers, the fishing boats and the kelp pits: the products of man's activities on the sea and the shore.

The social structure has also remained undisturbed. Tory is a homogeneous rural society which pays little attention to class and authority. The island has an egalitarian society with dancers, musicians, storytellers and painters, the most respected members of the community. Co-operation between neighbours is deeply rooted, and they assist each other in any emergency or difficulty which might arise. The islanders have strong obligations to their family groupings, and see themselves as belonging to clanns, groups of people related by common descent to a known ancestor.

Several important changes have taken place over the last decade to the island's infrastructure. Government grants have provided better housing, power supplies, transport, education and medical facilities. Concern has been expressed that these changes will give rise to social upheaval and destroy the island's culture. However, the islanders are masters of survival and have employed adaptive strategies, which have enabled them to remain on their island home since prehistoric times. Fox has described Tory as a 'hymn to human survival and social creativity'.[104]

Patsy Dan Rodgers, the King of Tory, has confidence in his island's future. He places his faith in the attractions of the island's way of life and in the strong community spirit, which generate a sense of security and trust. Patsy Dan speaks for his community when he asserts:

'We will never be happier anywhere else than we are on Tory. No matter where you are the place where you are born and reared is the place you love best. We have no desire to leave our island home. We want to stay here and hand our island on to future generations.'

Focal scoir

Tá fo-thon caointeach faoi go leor dá bhfuil scríofa faoi Toraigh. Bíonn béim ar iargúltacht agus sceirdiúlacht an oileáin, ar an daonra atá ag éirí aosta, ar an mheath atá tagtha ar oibriú an talaimh, ar stad na hiascaireachta agus ar an dóigh a bhfuil daoine ag brath go mór ar fhóirdheontais ón Rialtais. Tairngríonn siad deireadh an phobail agus bánú iomlán an oileáin.

Is leanúnachas seachas athrú is saintréith Thoraí, áfach. Tá an ceangal leis an am a chuaigh thart le feiceáil achan áit, ó na seanphatrúin cuibhrinn go Dún Bhaloir ón Iarannaois go ballóga ón ré luath-Chríostaíochta. Is é an seanchóras feirmeoireachta Rondáil a leag amach patrún bunúsach na tíre - lonnaíochtaí beaga cnuasaithe taobh le cuibhrinn oscailte agus coimíneacht féaraigh. Ar a bharr sin tá cé, báid iascaireachta agus poill cheilpe; toradh ghníomhaíocht an duine ar muir agus ar cladach.

Is beag athrach atá tagtha ar an struchtúr sóisialta. Is sochaí thuaithe aonchineálach é pobal Thoraí nach bhfuil aird ar bith acu ar aicme ná ar údarás. Is sochaí chothrom í ina bhfuil meas mór ar dhamhsóirí, ceoltóirí, scéalaithe agus péintéirí. Tá comhoibriú mar bhunchloch acu agus cuidíonn siad lena chéile i ndeacracht nó i sáinn ar bith a thiocfaidh aníos. Tá na hoileánaigh iontach dílis dá dteaghlaigh agus feiceann siad iad féin mar bhaill de chlanna, grúpaí daoine a bhfuil sinsear aitheanta i gcoiteann acu.

Tá go leor athruithe suntasacha i ndiaidh tarlú ó thaobh bonneagair de le deich mbliana anuas. Tá feabhas tagtha ar thithíocht, soláthar cumhachta, iompar, oideachas agus cúrsaí sláinte, a bhuíochas do dheontais ón Rialtas. Tá buaireamh ann go dtionscnóidh seo mórathrú sóisialta agus go millfidh sé cultúr an oileáin. Ach is saineolaithe marthanais iad na hoileánaigh agus tá straitéisí solúbtha acu a lig dóibh fanacht ar a n-oileán ó bhí na cianaoiseanna ann. Rinne Fox cur síos ar Thoraigh mar 'iomann do mharthanas daonna agus cruthaíochta sóisialta'.[104]

Tá Patsaí Dan Mac Ruairí, Rí Thoraí, dóchasach as a oileán san am atá le teacht. Tá muinín aige as na buntáistí a bhaineann le saol ar an oileán agus as an spiorad láidir pobail a chothaíonn sábháilteacht agus iontaoibh. Is thar ceann a phobail a labhraíonn Patsaí Dan nuair a deir sé:

> *'Ní bheidh muid níos sásta a choíche in áit ar bith eile ná mar atáimid i dToraigh. Is cuma cén áit a mbeidh tú is é an áit ar rugadh is ar tógadh thú an áit is deise do do chroí. Níl muid ag iarraidh ár n-oileán ná ár mbaile a fhágáil. Táimid ag iarraidh fanacht anseo agus ár n-oileán a thabhairt don chéad ghlúin eile.'*

Patsy Dan Rodgers receives an honorary degree from the University of Ulster for his work on behalf of his community

Céim oinigh á bronnadh ar Phatsaí Dan Mag Ruairí in Ollscoil Uladh as an tsárobair atá curtha i gcrích aige ar son a phobail

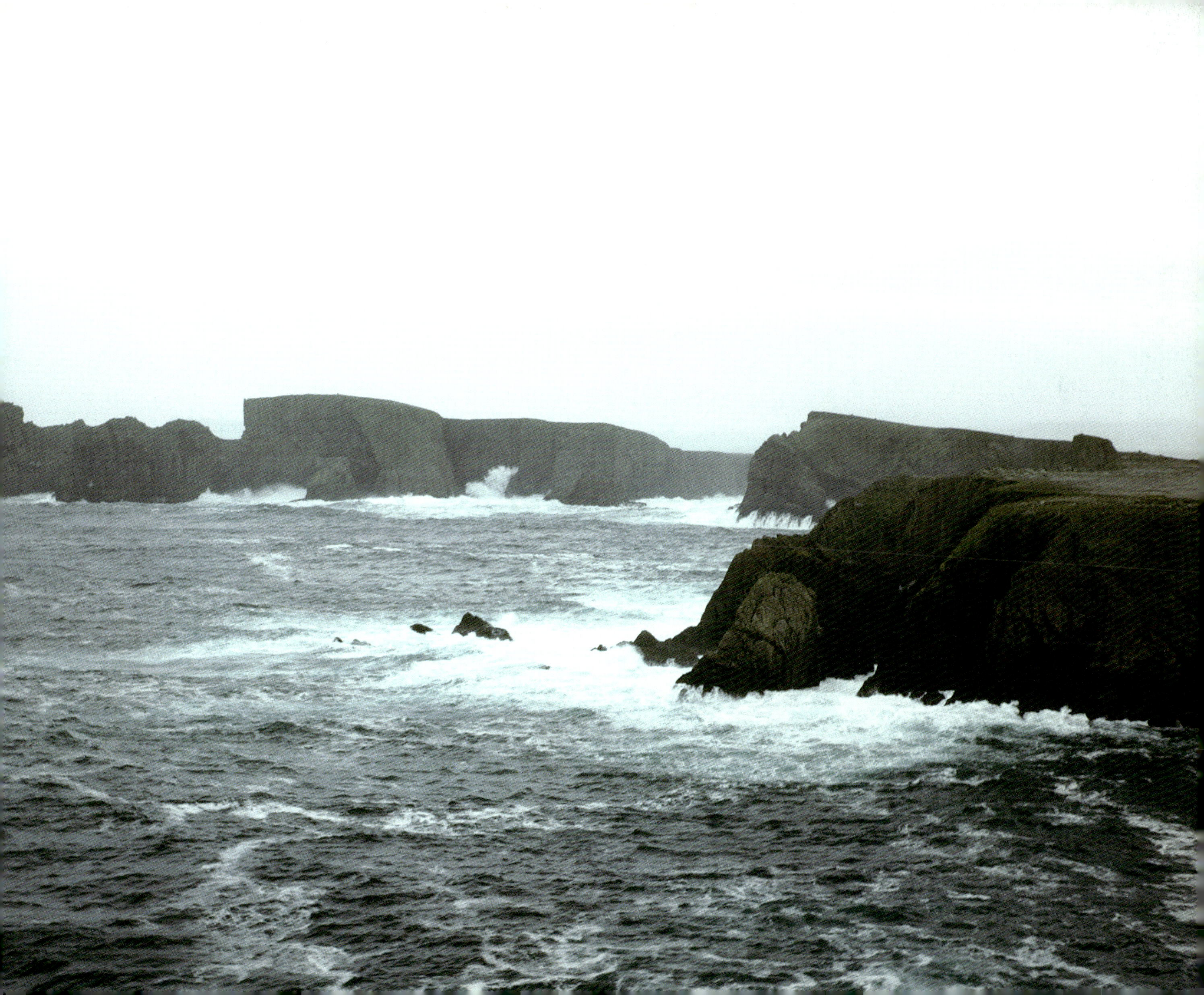

References Tagairtí

1. Ó Ceallaigh. S. Aspects of our Rich Inheritance (Cloughaneely) (Falcarrach. 2000), 169.
2. Therman. D.H. Stories from Tory Island (Dublin. 1989), 22.
3. Otway. C. Sketches in Ireland (Dublin. 1827), 13.
4. Getty. E. 'The Island of Tory: its History and Antiquities' Ulster Journal of Archaeology Vol. 1 (1853), 156.
5. Whitten. E.H.T. 'Tuffisites and Magnetite Tuffisites from Tory Island, Ireland and related Products of Gas Action' American Journal of Science Vol. 257 (1959), 113.
6. Getty. E. op. cit. (1853), 29.
7. Fox. J.R. The Tory Islanders (Cambridge. 1978), 85.
8. Hunter. J 'Tory Island – Habitat Economy and Society' Ulster Folklife Vol. 42 (1996), 42.
9. Fox. J. R. op. cit. (1978), 16.
10. Hunter. J.A. 'Ireland's Last Monarch' Ulster Folklife Vol. 41 (1995), 70.
11. Hunter. J. A. op. cit. (1995), 70.
12. Hunter. J.A. 'Farming on Tory Island' Donegal Annual Vol. 10:1 (1971), 21.
13. Fox. J.R. 'Kinship and Land Tenure on Tory Island' Ulster Folklife Vol. 12 (1966), 4.
14. Fox. J.R. op. cit. (1978), 100.
15. Report from the Select Committee on Destitution, Gweedore and Cloughaneely (House of Commons. 1858), 341.
16. House of Commons. op. cit (1858), 348.
17. O'Donnell. J.J. and Joule St. J.B. Tory Island Letters (Rothesay. 1883).
18. Fox. J.R. op. cit. (1978), 10.
19. Fox. J.R. op. cit. (1978), 100.
20. Hunter. J.A. 'An Interpretation of the Landscape of Tory Island' Unpublished thesis (The Queen's University, Belfast. (1959), 20.
21. Evans. E.E. Irish Heritage, (Dundalk. 1942), 90.
22. Getty. E. op. cit. (1853), 30.
23. Hunter. J.A. op. cit. (1995), 71.
24. Hunter. J.A. op. cit. (1959), 23.
25. Therman. D.H. op. cit. (1989), 33.
26. Hunter. J.A. op. cit. (1996), 50.
27. Otway. C. Sketches in Ireland (Dublin. 1826), 13.
28. Hunter. J. Tory Island (Coleraine. 1994), 7.
29. Therman. D. H. op. cit. (1989) 20.
30. Therman. D. H. op. cit. (1989) 36.
31. Ó Corráin. D. "Brian Boru and the Battle of Clontarf" in Milestones in Irish History, ed. De Paor L. (Cork. 1986), 31.
32. Lacy. B. eag. Archaeological Survey of County Donegal (Dublin. 1983), 8.
33. Ó Floinn. R. "Sandhills, Silver and Shrines : Fine Metalwork of the Medieval Period in Donegal" in Donegal History and Society (Dublin. 1995), 91 ed. Nolan. W., Ronayne. L. and Dunlevy. M.
34. O'Donovan. J. Annals of the Kingdom of Ireland by the Four Masters (Dublin 1851), 232.
35. Fox. J. R. op. cit. (1978), 6.
36. Wilson. I. Donegal Shipwrecks (Coleraine. 1998), 41.
37. The Commissioners of Irish Lights Picture Library Set 4 Tory Island (Dublin. 2002), 1.
38. The Commissioners of Irish Lights op. cit. (2002), 2.
39. Hunter. J. op. cit. (1995), 71.
40. Wilson. I. op. cit. (1998), 42.
41. Wilson. I. op. cit. (1998), 45.
42. Wilson. I. op. cit. (1998), 46.
43. Colhoun. J. Tory Island as a Telegraph and Signal Station (Londonderry. 1880), 17.
44. O'Connor. F. History of Malin Head Radio Station (unpublished).
45. Wilson. I. op. cit. (1998), 57.

46 Hunter. J. op. cit. (1994), 10.
47 Mason. T. H. The Islands of Ireland (London. 1936), 22.
48 Report from the Select Committee on Destitution, Gweedore and Cloughaneely (House of Commons. 1858), 349.
49 Hunter. J. A. op. cit. (1971), 23
50 Fox. J. R. op. cit. (1978), 147.
51 Fox. J. R. op. cit. (1978), 150.
52 Mullane. F. Oileán Thoraigh – Report for the Tourism and Environment Pilot Initiative (2000), 79.
53 Robinson. T. Stones of Aran : Pilgrimage (London. 1986), 149.
54 McFarland. A. Hours in Vacation (Dublin. 1849), 187.
55 Hunter. J.A. op. cit. (1978), 26.
56 O'Donovan. J. Annals of the Kingdom of Ireland by the Four Masters (Dublin. 1851).
57 Hunter. J. Tory Island (Coleraine. 1994), 7.
58 Getty. E. "The Island of Tory : its History and Antiquities", Ulster Journal of Archaeology, Vol. 1. (1853), 114.
59 Crumlish. R. "The Archaeology of Tory Island", Archaeology Ireland, Vol. 7 (1993).
60 Lacy. B. Archaeological Survey of Donegal (Lifford. 1983), 50.
61 Orme. A. R. The World's Landscapes, Ireland (London. 1970), 78.
62 Sidebotham. J. M. "The Promontory Fort on Tory Island" Ulster Journal of Archaeology, Vol. 12. 2nd series. (1949), 98-103.
63 Hunter. J. op. cit (1994), 9.
64 Getty. E. op. cit. (1853), 146.
65 Quinn. B. The Atlantean Irish (Dublin. 2005), 195.
66 Hunter. J. op. cit. (1996), 42.
67 Getty. E. op. cit. (1853), 146.
68 Hunter. J. op. cit. (1996), 43.
69 O'Donovan. J. op. cit. (1851), 237.
70 Getty. E. op. cit. (1853), 146.
71 Maguire. E. History of Diocese of Raphoe (Dublin. 1920), 289.
72 Therman. D. H. op. cit. (1989), 47.
73 Fox. J. R. op. cit. (1978), 7.
74 Simmington. R. C. Sir William Petty's Survey of Ireland (Dublin. 1931), Vol. 3. 127.
75 Dillon. W. Life of John Mitchel (London. 1888), 2.
76 Cousens. S. H. "The Regional Variation in Emigration from Ireland between 1821 and 1841" Transactions of Institute of British Geographers Vol. 37. 1965, 15.
77 Hunter. J. A. "Population Changes on Tory Island", Donegal Annual Vol. 10. No. 2. 1972, 168.
78 Aalen. F.H.A. and Brody. H. Gola (Cork. 1969) 63.
79 Elwood. J. H. "Demography of Tory and Rathlin" Ulster Folklife, Vol. 17 (1971), 74.
80 Mullane. F. op. cit. (2000), 241.
81 Ó Péicín. D. and Nolan. L. Islanders (London. 1978), 25.
82 Cross. M. agus Nutley. S. "Insularity and Accessibility: the Small Island Communities of Western Ireland" Journal of Rural Studies, Vol. 15. No. 3. 1999, 329.
83 Mullane. F. op. cit. (2000), 244.
84 Fox. J. R. op. cit. (1978), 75.
85 Fox. J. R. op. cit. (1966), 7.
86 Fox. J. R. op. cit. (1978), 157.
87 Therman. D. H. op. cit. (1989), 113.
88 Therman. D. H. op. cit. (1989), 142.
89 Therman. D. H. op. cit. (1989), 153.
90 Therman. D. H. op. cit. (1989), 76.
91 Therman. D. H. op. cit. (1989), 134.
92 Mullane. F. op. cit. (2000), 96.
93 Mullane. F. op. cit. (2000), 97.
94 ÓLaoire. L. "Traditions of Song from Tory Island" Ulster Folklife Vol. 42. 1996, 81.
95 ÓLaoire. L. op. cit. (1996), 88.
96 ÓLaoire. L. op. cit. (1996), 90.
97 Therman. D. H. op. cit. (1989), 60.
98 Therman. D. H. op. cit. (1989), 58.
99 "Two Painters Works by Alfred Wallis and James Dixon" Catalogue of Irish Museum of Modern Art and Tate Gallery St Ives (London. 2000), 119.
100 Black. E. Derek Hill (1916-2000) (Antrim. 2002), 17.
101 Trotter, K. Understanding Tory Island Art (Unpublished thesis) (2001), 24.
102 Gowrie. G. Derek Hill : An Appreciation (London. 1987) 1.
103 Gowrie. G. op. cit. (1987), 6.
104 Fox. J. R. op. cit. (1978), XIII.

Appendix 1   Aguisín 1

LIST OF LANDOWNERS FROM TITHE APPLOTMENT ROLLS (1830)
LIOSTA ÚINÉIRÍ TALAIMH Ó NA ROLLAÍ DEACHÚNA (1830)

1	James Diver	23	Hugh Diver	45	Patrick Bawn Rodgers
2	Hugh Dougan	24	Shaun Diver	46	Daniel Doughan
3	Patrick Horisky	25	Patrick McElroy	47	Edward Dougan
4	James Dougan	26	Alexander Doughan	48	Hugh Doughan
5	Philip Rodgers	27	Patrick Doughan	49	Nail Herraghty
6	Owen Dougan	28	James Horisky		
7	Sarah Heraghty	29	Shaun Dougan		
8	James Bawn Dougan	30	Thomas Horisky		
9	James Dougan (blind)	31	Dennis McGinley		
10	Edward Heraghty	32	Catherine McGinley		
11	Owen Doughan Jnr	33	Dennis Corran		
12	Dennis Doughan	34	Owen Doughan		
13	Mary Doughan (widow)	35	Simidin Doughan		
14	Hugh Dougan Beg	36	Catherine Meenan (widow)		
15	Hugh McLafferty	37	William Roe Doughan		
16	Owen Rodgers	38	Bryan McCafferty		
17	William Doughan (Bryan's son)	39	William Doughan Jnr		
18	James Doughan	40	Old Mary Doughan		
19	Charles Doughan	41	Shaun Doughan		
20	Dennis Diver	42	Shaun More Doughan		
21	Peter Rodgers	43	Sarah Coyle		
22	James Heraghty	44	Michael Meenan		

Appendix 2   Aguisín 2

LIST OF MR. WOODHOUSE'S TENANTS (1845)
LIOSTA DE THIONÓNTAÍ MR. WOODHOUSE (1845)

1	Patrick Dugan	13	Bryan Doohan (More)	25	Denis Diver (Snr)
2	James Doohan Senr	14	Owen and Teague Doohan	25	Owen Whoriskey
2	Edward Doohan (Shane)	14	Alexander Doohan	26	Mary or Pat Diver
3	Owen Dugan	15	Pat Rogers (Jnr)	26	Pat Rodgers (Snr)
3	Shane Doohan (Mackan)	15	Pat Curran	27	James Diver (Sally)
4	Roger Doohan	16	Owen Diver	27	Owen McCarroll
5	Shane Doohan (Snr)	16	Anthony Rogers	28	James Herraghty
5	Widow Grace Doohan	17	Daniel Rogers	29	Thomas Meenan
6	Widow B Doohan	17	Daniel Rogers	30	Shane Diver
6	Pat Doohan (Daniel)	17	Phelim Rogers	30	Edward Herraghty
7	Owen Doohan (Nelly)	18	Daniel Whoriskey	31	Shane Diver (Jnr)
8	Widow W Doohan	19	Denis McGinley (Snr)	32	Denis Curran
8	William Doohan (Roe)	19	John Whoriskey	33	Owen Doohan (King)
9	James Doogan (Roe)	20	James McClafferty	33	William Doohan (Oge)
9	John Doogan	20	Michael Meenan	34	William Doohan (Nelly)
10	Owen Doohan (Oge)	21	Denis Diver (late Pat Carrohy)	34	William Mackan (or Anthony Rogers)
10	Hugh Doohan	22	James Diver (Hugh)		
11	Denis Doohan	22	John Meenan		
11	Edward Doohan (Roe)	23	Daniel Whoriskey (Jnr)		
12	Bryan Doohan (More)	23	Bryan Curran		
12	John Dugan	24	Edward Diver		
13	Widow Mage Doohan	24	Neal Heraghty		

Appendix 3   Aguisín 3

LIST OF LANDOWNERS GRIFFITH'S VALUATION (1857)
LIOSTA ÚINÉIRÍ TALAIMH, LUACHÁIL GRIFFITH (1857)

West Town / An Baile Thiar
1. Philimy Rogers
2. Daniel Rogers
3. James Doohin (Ned)
4. Denis Doohin
5. William Rogers
6. Jack Devir (Hugh)
7. Edward Herarty
8. Sally Doohin
9. John Doogan (Left)
10. Edward Rogers
11. Grace Doohin (Shane)
12. Alexander Doohin
13. John Doogan
14. Teague Doohin
15. Daniel Whiriskey
16. William Doogan
17. John Martin
18. Hugh Doogan
19. Ed Doogan (Rowe)
20. Edw Doohin (Shane)
21. Roger Doohin (Big)
22. Jas Doohin (Nancy)
23. Wm Doohin (Rowe)
24. Hugh Devir
25. Michael Mooney
26. James Doohan (Hugh)
27. Jno Doohin (Mackin)
28. Bryan Curran

Middle Town / An Baile Láir
29. Ptk Doohin (Danl)
30. Jno Doohin (Nelly)
31. Denis Diver (Grace)
32. John Whiriskey
33. Roger Doohin (Shane More)
34. Denis McGinley
35. Wm Doohin (Rowe)
36. Jas Doohin (Nancy)
37. Jas Doohin (James)
38. Owen Shiriskey
39. Patrick Shiriskey (Owen)
40. James McCafferty
41. Charles Rogers
42. Jas Doohin (Danl)
43. Roger Doohin (Big)
44. Jack Devir (Hugh)
45. Neal Herarty
46. Edward Devir

East Town / An Baile Thoir
47. James Devir
48. John Devir (James)
49. Patrick Devir
50. Grace Devir
51. Thomas Minnion
52. Patrick Rogers (Sen)
53. Mackin Rogers (Sen)
54. Patrick Rogers
55. Patrick Doogan
56. John Minnion
57. Denis Devir (James)
58. Catherine Minnion
59. Anthony Rogers (Patt)
60. Patrick Currin
61. James Devir (Hugh)
62. Margaret Doohin
63. James Herarty
64. Bryan Doohin
65. John Doogan (Ned)
66. Patrick Rogers (Jnr)
67. Owen Doohin (King)
68. Maggy Rogers
69. Patk Herarty (King)

Appendix 4   Aguisín 4

LIST OF LANDOWNERS – CONGESTED DISTRICTS BOARD (1911)
LIOSTA ÚINÉIRÍ TALIMH – BORD NA GCEANTAR CÚNG (1911)

1	Land held on common	26	Hugh Doohan (Roe)	46	Patrick Rogers (Dooley)
2	Neil Duggan	27	William Doohan (Grace)	47	Patrick Doherty
3	Neil Ward		Roger McClafferty	48	Tom Meenan
4	Hugh Diver	28	Denis Dixon (reps Barney)	49	James Meenan
5	Rose Whorriskey	29	James O'Brien	50	Michael Meenan
6	George O'Brien	30	Owen Worriskey (Beg) (Reps)	51	John Callagher
7	Anthony Duggan	31	Denis Doohan	52	John Meenan
8	Hugh Whorriskey	32	Mary Doohan	53	Edward Diver
9	Daniel Duggan	33	Nabla McClafferty	54	Dennis Doohan
10	William Rogers		Daniel Doohan	55	James Carroll
11	Patrick Rogers (Mackin)	34	Patrick McGinley	56	Patrick Rogers (Anthony)
12	James Doohan (Nancy)		Roger McClafferty	57	John Doohan
13	Mary Doohan	35	James Whorriskey	58	Patrick Duggan
14	John Doohan	36	Patrick Doohan (Shamus Donal)	59	Mary Doohan
15	Isabella Doohan		Daniel Doohan	60	Mrs John Doohan
16	Patrick Rogers (Phillip)	37	John Doohan (Nellie) (Reps)	61	Mrs John Doohan
17	Michael Mooney		Roger McClafferty	62	John Doherty
18	William Doohan (Roe)	38	Patrick Doohan (Shamaus Donal)	63	James Duggan
19	John Rogers	39	Owen Collum	64	Kate Rogers
20	James Doughan	40	Thomas Driver	65	Kate Curran
21	Daniel Doohan (Alec)		Denis Dixon	66	John Carroll
22	John Heraghty	41	John McClafferty	67	John Doherty
23	Edward Rogers (Anthony)	42	John Doherty	68	John McClafferty
24	Roger Rogers	43	Roger McClafferty	69	Lighthouse
	Denis Diver (Sally)	44	Daniel Doohan		
25	Edward Rogers (Dooley)	45	Ellen Heraghty (Reps Margaret)		

Appendix 5 Aguisín

1893 – THE ESTIMATED CASH RECEIPTS AND EXPENDITURE OF A FAMILY IN ORDINARY CIRCUMSTANCES ARE AS FOLLOWS
1893 – MEASTACHÁN AR FHÁLTAIS AGUS CAITEACHAS AIREID TEAGHLAIGH I NGNÁTHCHOINNÍOLLACHA

Receipts / Fáltais	£	s	d	Expenditure / Caiteachas	£	s	d
Eggs: Hen / Uibheacha Circe	2	17	6	Tea / Tae (20lbs @ 2/- lb)	2	0	0
Eggs: Duck / Uibheacha Lachan		7	6	Sugar / Siúcra		15	0
Small Fish / Mioniasc	4	0	0	6 Bags of Meal / 6 Mhála Mine	3	10	0
White Fish (cod etc.) / Iasc Geal (cadóg srl.)	6	10	0	8 Bags of Flour / 6 Mála Plúir	4	16	0
Lobsters / Gliomaigh	4	10	0	10 Gallons Oil / 10 nGalún Ola		8	0
Kelp / Ceilp	10	0	0	2 Stone Soap / 2 Cloch Sópa		5	10
Labour Curing Stations / Stáisiúin Leasaithe	2	0	0	Salt / Salann	1	10	0
Various chances / Éadáil	1	0	0	Agriculture / Talmhaíocht		5	0
				Clothes / Éadaí	6	0	0
				Boat Renewals / Cóiriú bád	2	10	0
				Lobster Creels / Potaí Gliomach	1	0	0
				Church Dues / Táillí Eaglaise	1	0	0
				Whiskey, Tobacco / Uisce Beatha, Tobac	2	10	0
				Turf / Móin	1	0	0
				Renewals of Stock, Athnuachan Stoic		10	0
TOTAL / IOMLÁN	31	5	0	**TOTAL / IOMLÁN**	27	19	10